JN411318

오늘의문학시인선 381

성체꽃

박민식 시집

오늘의문학사

국립중앙도서관 출판시도서목록(CIP)

성체꽃 : 박민식 시집 / 지은이: 박민식. -- 대전 : 오늘의
문학사, 2016
p. ; cm. -- (오늘의문학시인선 ; 381)

ISBN 978-89-5669-782-6 03810 : ₩9000

한국 현대시[韓國現代詩]

811.7-KDC6
895.715-DDC23 CIP2016024388

성체꽃

차 례

1부 삼척 가는 길

가을 언덕 13
감자 꽃 14
거무집 15
꽃 피는 나날 16
눈 1 17
눈 2 18
바보 19
봄 20
봄날 21
봄이 어떻게 오는지 알았다 22
사과 속에는 23
삼척 가는 길 24

2부 내 처음으로 돌아가

IC 요금부스 27
가을 오후 28

가을나무 29
감기 걸린 날 30
개망초 31
경계하여라 32
고층 아파트 33
교만하지 마라 34
그대로 좋다 35
그리 살지 말고 36
꽃따비 37
꽃은 38
나와 참 다른 나 39
내 처음으로 돌아가 40
내가 나일 때 41
노루귀 42
눈병 43
노인이 길 위에서 44
달개비 꽃 45
돈 46
띠꽃 47
먼지 48
민들레 49
초가을 바람 50

차 례

바람꽃	51
뿔	52
사실	53
사고(事故)	54
사람이 죽으면	55
상처 만들기	56
선자령	57
소리 없는 세계	58
선재길	59
쑥개떡	60
시월	61
씨앗	62
아름다운 것이	63
약속	64
엄마의 네버랜드	65
어수선이	66
늦여름밤	67
어찌 이리 잊고 있었을까	68
오늘 하나씩	70
여자여	71
여우비 오던 오후	72
2016년 봄	74

올해 — 58세, 58 개띠 75
용두리 우두리 76
왜 사는지 모르고 78
인간이면서 79
우리 집 약도 80
웃음, 눈물 81
이젠 아 82
입이 하나인 것은 83
징밀 그렇나 84
죽어선 안 된다 85
짐승 86
징소리 87
쭈꾸미 꽃 88
참아라 89
철새는 90
청옥산 달실 91
칠월 92
코 93
하물며 94
허수아비 95
한 오십년 된 기억 1 96
한 오십년 된 기억 2 97

| 차 례 |

현대인 98
호서엔 내포에 삼월에 99
호서엔 내포에 오월에 100
호서엔 내포에 유월에 101
호숫가에서 — 산막이 옛길을 걸으며 102

3부 나는 오늘 행복하다
그게 그거 105
나는 오늘 행복하다 106
민들레 — 성거산 야생화전 108
성체꽃 109
비처럼 강물처럼 — 솔뫼-신리-여사울 도보성지순례 110
비천(飛天) 112

악마는 어떻게 다가오는가 113
신리 – 신리-합덕성당 도보순례길 114
십자가 위에서의 변명 116
아으 내 영혼 118
옹기쟁이 120
이미 121
이브, 아담 122
해미 124
쥐구멍 127
화이트 크리스마스 128
하나 되게 하소서 130
화살 – 레지오 단원의 기도 131
흔적 134

해설 : 리헌석 서정적 진실과 신앙인의 자세 135

후기 151

1부

삼척 가는 길

가을 언덕

바람은 흰구름과 언덕에서 놀더니
노란 은행잎 자리 깔아놓고
국화꽃 향기로 간지르며
나더러 놀자고 한다

바람은 호수를 지나 물결지며 놀더니
단풍 나뭇잎 술래 세우고
갈대꽃 호호 불며
나더러 놀자고 한다

나뭇잎 사이로 환한 미소
갈꽃 사이로 웃음소리
머리카락 날리던 언덕
나를 찾는 눈동자
하늘 가득 소풍 길 펼쳐 놓고
바람은 나더러 놀자고 한다

바람은 멀리 있는 것들을 가져 와
나더러 놀자고 한다.

감자 꽃

하얀 꽃이 얼마나 예쁜지 보렴
별처럼 작은 게 수줍기도 하다 그지?
꽃이 열매를 맺기도 전에
뽑혀져 버리겠지만, 그러거나 말거나
곱게도 피었다 그지?
감자의 명성에는 하등 상관없을 것 같은데
어찌 그리 많이도 피었는지
땅속의 감자가 꿈을 꾸고 노래하는 거야 그지?
눈망울을 반짝이며 별을 보는 게지
그러기에
별을 닮은 거야 그지?

거무집

털 난 긴 다리로 건설한 왕국
유리의 성
엉겅퀴 숲의 정원과 고운 성대로 노래하는 새의
은빛 은밀한 성
굶주려 기다리는 음뭉한 눈동자와 가느다란 저 다리
흡혈귀의 계곡
금지된 비행로
수없이 반짝여 유혹하는 거역할 수 없는 세계
이슥고 발버둥 쳐 흔들리는 끊어지지 않는 선
춤추는 다리로 얽은 끈끈한 연(緣)
엉겅퀴 숲속의 고운 새가 노래하는
산 새남터.

※ 거무집 : '거미집' 삼척 사투리.

꽃 피는 나날

오월
찔레꽃 메꽃 칡꽃 피었네
진달래 철쭉 개나리 져서
이제는 꽃이 그만 피려나 했더니
싸리꽃 인동꽃 탱자꽃 피네
오동꽃 나리꽃 감자꽃 피네
딸기꽃 으름꽃 초롱꽃
접시꽃 장다리 오이꽃 피네
생각해보니
아직 피지 않은 꽃이
열댓 가지는 되네 그려
솔꽃 밤꽃 수수꽃다리 피겠지
해바라기 봉선화 깨꽃 족도리꽃
도라지 호박꽃 패랭이
고추꽃 분꽃 나팔꽃 방울꽃
코스모스 갈대꽃 구절초 들국화
올해에 다녀갈 지구의 꽃
영광의 나날
천국의 예감.

눈 1

그날
눈 속을 누가 걸었나
떨어진 천사의 깃털인 양
저리 아픔을 덮으려는
순수한 날개 짓
상처만이 아픔이 아니라
마음이 닿지 않는 것도 아픔이라
눈 위에 길을 내어 걸어가면
여기서 거기에 닿으련만
내리는 눈은 천지에 가득하고
길은 덮여 기억만이 길인데
그날
눈 속을 누가 걸었나
아무도 밟지 않은 쌓인 눈 위를.

눈 2

쌓이기도 전에 눈을 쓸고 있다
남편이 지어 준 40년 살던 집 보상으로
18평 백조아파트로 가신
아픈데 없다 걱정하지 말아라
홀로 계신 팔십 삼세 장하신 엄마
등뼈 세 마디가 닳아 없어져 몸이 무너져 내린다한다
당진에서 삼척은 너무 멀고, 눈이 오는데
평생 웃지도 않는 개새끼가
눈 쓸지 말라고 눈 쓸지 말라고
컹 컹 컹 짖어댄다.

바보

고산 동네 어귀에 들어서면
뽕나무 밑에 바보가 서서
지나가는 사람들을 바라보고 있다
마흔 중반은 되어 보이고 이름은 모르고
어릴 때 약을 잘 못 써서 바보가 되었단다
한 이십년 전에 한번 결혼 했었는데
바보가 손찌검이 심해
착한 색시가 보따리 싸서 집을 나갔다 한다
바보는 그 색시를 기다리느라
20년 넘게 뽕나무 밑에 서서 뽕 익는지도 모르고
지나가는 사람을 쳐다보고 있다
어쩌다 눈이라도 마주치면 삿대질을 해댄다
뽕나무 밑에서 가끔 이상한 짓을 해대 민망하기 그지없다
아무도 가까이 가지 않고 말을 건네는 사람도 없다
봄부터 가을까지 그렇게 보이고
이듬해 봄까지 보이지 않는다
동네사람 모두가 그에게 관심을 두지 않으려고 애쓰나
외지사람이 물으면 됐슈 하며 요만큼만 얘기한다
시절도 아닌 바보의 삶에 대하여.

※ 시절 : '부족한 사람'이란 뜻의 충남 당진시 사투리.

봄

앗기고 그리워 뒤돌아보면
발자국마다 그대가 쫓아 오고
뒤돌아 만나려 두 팔을 벌리면
그대는 어느새
봄 따라 가고.

봄날

아까부터 밀려와 반짝이는
이 은빛 물결은 무엇인가요
머물러 떠날 줄 모르는
이 속삭임은 무엇인가요
풀밭에 드리운 당신 손등에
시계꽃 하얗게 피어 있네요
꽃잎 떨어지는 머리결에
나비 한 마리 날고 있네요
당신과 나 사이 무슨 일이 있었기에
이리 봄날이 엿보고 있나요.

봄이 어떻게 오는지 알았다

눈으로 말했다
며칠 전 축하 문자
고맙다는 말을 해야 하는데 엘리베이터 안이라
설레고 망설이다 눈으로 말했다
봄을 느낀 어느 날
스치는 향기와 함께
눈으로 들었다.

사과 속에는

사과 속에는
잠을 깨우던 새벽하늘 햇살이 있다
꽃잎이 꿈을 꾸던 봄날
나비 더듬이의 감촉이 있다
이슬로 몸을 씻던 여름날
바람이 들려주던 이야기가 있다

사과 속에는
땅속으로 흐르는 맑은 시냇물이 있다
밤하늘 꿈길을 따라 총총한
반짝임이 있다
사각사각 바람에 익은
가을이 있다

사과 속에는
오랫동안 너를 바라본
내 눈동자가 있다
붉은 껍질로 그려낸 정열
그 속에 감춘 서늘한 향기
너에게 주고 싶은
그리움으로 익은 마음이 있다.

삼척 가는 길

산 넘어 산
산 넘어 산
그 너머 산
그 너머 산

어머니 계신 삼척
산 너머 너머 바닷가
차령산맥 넘어
태백산맥
아까도 산을 넘고
지금도 산을 넘고

산 넘어 산
산 넘어 산
그 너머 산
그 너머 산.

2부

내 처음으로 돌아가

IC 요금부스

그 이후였다
김선달이처럼 길을 막고 통행료를 받는
내 작은 사각 공간이
넓은 정원인 양 맑은 바람이 가득하고
향기가 밀려와 오래오래 머문 것은
거스름돈을 건네는 내 손의 묵주반지를 보았음인가
오늘 수백 명 지나친 사람들 중
단 한 사람 차창으로 건넨 말
"평화를 빕니다."
그 이후부터였다.

가을 오후

참새는 포롱포롱
까치는 파랑파랑
단풍지붕 아래 작은 거실
오후는
붉은 잎새 위에서 졸고
햇살은 나뭇잎에 해풋해풋
단풍잎은 땅 위에 다풋다풋.

가을나무

여름을 살라 먹고
시퍼런 여름을 살라먹고
산기슭 돌아가는 길
단풍능선 너울에 울렁이는 멀미로
막걸리 먹은 듯
술 향기 풍기며
노란색 붉은빛
그리움을 게워낸나.

감기 걸린 날

감기가 심해지니 온갖 처방이 난무하다
파뿌리를 달여 먹어라
생강과 배를 달여 먹어라
소주에 고춧가루를 부어 마셔라
삼겹살을 질리도록 먹어라
찜질방에 가서 땀을 흘려라
밥 먹을 때 비타민을 먹어라
뜨거운 물을 계속 마셔라
아주 무시해 버려라
기침 가래에 견디다 못해 병원을 갔더니
X-ray를 찍어라 CT를 찍어라 한다
감기 얘기는 한 마디도 없고
축농증에 기관지염이라 한다
가래는 목구멍에서 글글 하고
기침을 할 때면 목이 아프다 못해 가슴이 타는 듯 하고
눈물 콧물에 골이 흔들려 정신이 하나도 없는데
모두들 저마다의 감기에
나보다 더 몸살을 앓는 것 같다.

개망초

세상 사람들 설자리를 찾아 서성이듯
길가에 개망초꽃 어지러이 피어있다
삼 년 전 논길로 마누라 배웅하던 할아버지 죽고
엊그제, 읍내 청소 다니던 그 할머니 죽고
빈 길 따라
개망초꽃 어지러이 죽은 이의 자리를 엿본다
길 따라 끝없이 하얀꽃
바람이 불자 은하가 눌결진다.

경계하여라

경계하여라
너의 행복이 누군가의 불행에 의한 것이 아닌지
살펴보아라
너에게 주어진 기회가 누군가의 삶을 뺏은 것이 아닌지
주의하여라
너의 기쁨이 누군가의 슬픔에 의한 것이 아닌지
조심하여라
너의 평화가 누군가의 불안에 의한 것이 아닌지
생각하여라
너의 풍요가 누군가의 빈곤에 의한 것이 아닌지

행복해도 조금 덜 행복하고
기뻐도 조금 덜 기뻐하고
당연한 기회도 조금 죄스런 마음으로 맞으며
주어진 권리도 조금 덜 누려라
편해도 조금 덜 평안해 하고
넘치고 흘러도 아껴라
그 뒤에는 그것으로 인해 그렇지 못한 누군가가 있다
눈물을 삼키는 누군가가 있다.

고층 아파트

40층 아파트에 살면서
내려다보이는 것을 좋다 하지만
하늘이 더 가까워진 것을 모르더라.

교만하지 마라

교만하지 마라
죄가 자라난다
시기하지 마라
악이 알을 깨고 나온다

재능이 넘쳐 교만해진다면
재능이 없느니만 못하고
행운이 넘쳐 다른 이의 행운을 시기한다면
행운을 받지 않음만 못하다

죄와 악의 눈동자는
재능과 행운의 그림자를 노린다.

그대로 좋다

하늘은 하늘 그대로 좋다
구름 없는 맑은 하늘이 좋고
띄엄띄엄 구름이 있는 하늘이 좋다
온통 구름으로 덮인 잿빛 하늘이 좋고
곧 천둥이 칠 듯 시커먼 하늘이 좋다
별이 반짝이는 하늘이 좋고
별이 없는 캄캄한 하늘이 좋다
가끔 바뀌었으면 하지만 그대로 좋다
사람은 사람 그대로 좋다
가끔 바뀌었으면 하지만
그대로 좋다.

그리 살지 말고

굵고 짧게
가늘고 길게
그리 살지 말고
깊고 높게
두껍고 넓게
그리 살라.

꽃따비

나무에 눈부시게 햐긋햐긋 꽃이 피면 아무도 몰래
꽃따비가 꽃잎 사이 소긋소긋 내려 앉아 아무도 몰래
꽃잎을 자긋자긋 따먹고 아무도 몰래
똥을 싸면 화르르 꽃비가 내린다 아무도 몰래
꽃따비는 꽃자리에 어긋어긋 눌러 앉아 아무도 몰래
연두로 나긋나긋 싹을 낸다 아무도 몰래
연두는 햇살을 해긋해긋 받아 먹고 아무도 몰래
연두는 바람을 사긋사긋 베어 먹고 아무도 몰래
초록으로 초록으로 파긋파긋 자란다 아무도 몰래.

※ 꽃따비 : 꽃이 필 때 꽃잎을 떨어뜨리는 비

꽃은

꽃이 핀다
꽃은 다른 꽃을 따라 핀다
꽃 한송이 피면 그날부터 여기저기 꽃이 핀다
꽃이 진다
꽃은 다른 꽃을 따라 진다
꽃 한송이 지면 그날부터 여기저기 꽃이 진다
꽃이 피고 지면
꽃은 눈동자로 여기저기 남는다.

나와 참 다른 나

나와 참 다른 나
내 밖에 있으면서 내 안을 다 차지한 나
내게 온통 의지하여 내 모든 것을 주어도 모자란 나
내가 좋아하는 것도 못하게 하고
내가 싫어하는 것도 하게하는 나
배가 불러도 먹게 하고 배가 고파도 나눠 먹게 하는 나
이제는 삶의 의미가 되어버린 나
자신보다 나를 더 챙기는 나
내 눈으로 세상을 보지만 세상의 아름다움을 보여주는 나
내 답답함으로 속이 다 타버린 나
내 아픔으로 곁을 떠나지 못하는 나
나보다 더 나를 믿는 나
나보다 더 나를 기뻐하는 나
내가 밖에 있을 때 내 안에 있는 나
내가 안에 있을 때 밖에서 나를 바라보고 있는 나
무조건 나와 같이 있으려는 나
나와 참 다른 나
당신.

내 처음으로 돌아가

봄 꽃 따며 손잡고 놀던 거기일까
어머니 그리워 별 헤며 뻐꾹 소리 듣던 거기일까
얼굴 붉히던 첫사랑 눈먼 거기인가
당신과 같이 길을 가던 거기인가
얼마나 왔을까
얼마나 멀어진 것일까
내 처음으로 돌아가 나를 찾으려면

어디서 만날 수 있을까
단풍잎 떨어지는 바람 언덕 거기일까
순례를 끝낸 새벽 별빛 거기일까
그리움 해일지는 거기인가
얼마나 가야할까
어디쯤에서 기다리고 있을까
내 처음인 나를 만나려면.

내가 나일 때

나에게 가장 고귀한 선물은 나이다
내가 나일 때 나는 자유롭다
바람을 느끼고 세상을 사랑하고 사람을 사랑하고
세상을 살고 있는 나
매일 같이 하루를 받고
시간마다 삶을 느끼고
어느 누구도 아닌 내가 나임을
순간순간이 내 것이고
모든 결과가 내 것이다
그것들이 모여
내 인생이 되고
내 이름이 되고
내 흔적이 된다
내가 자유를 갈망하는 것은
내가 나이고 싶은 것
내 몸으로 아파하고
내 마음으로 슬퍼하고
내 가슴으로 사랑하는 것
내가 나이고 싶은 것은
온 우주에 나는 하나이며
나만이 나이기 때문이다.

노루귀

무당벌레 방귀소리에 잠이 깨어 핀 꽃
이른 햇살과 눈이 마주쳐 환하게 웃는다
시린 하늘 베어 물고 쫑긋
풀잎 기지개 바람에 봄을 엿듣는다
산 너머 바람꽃
그 너머 양지꽃
그 너머 너머 애기똥
꽃피는 소리에 귀 기울이면
향기로 서로 부르는 소리
안녕 니가 있어 고마워
사랑해 사 랑 해 사 랑 해 사 랑 해

눈병

눈병으로 쓰리고 까칠해도
개발선인장 꽃이 피니 꽃으로 보이네
내 병이 아무리 깊고 아파도
세상 본래의 모습은 그대로인 걸
눈이 아프다고 눈을 통해 들어오는 것이 아픈 것이 아니고
내 고통이 심하다고 세상 것이 나를 공격하는 것이 아니고
내 미움이 크다고 세상 것이 나를 미워하는 것이 아니고
눈을 뜨기 싫어 감고 있으니
세상이 나를 아프게 하는 것이 아니라
내가 세상이 아프다 함을 알겠네.

노인이 길 위에서

이제 시를 짓기에 너무 늙은 노인이
식은 여름을 안고 노을 길을 걷고 있다
갈꽃 싸리잎 물들어 노인의 뒤를 따라 가고
숱 빠진 민머리가 햇살과 말동무 한다
길은 끝없이 멀리 가자고 해도
노인은 도통 길에는 관심이 없다
노을 가에 서서 뒷짐을 진다.

달개비 꽃

네가 마음을 닫아도
세상은 너를 사랑한다
네가 눈을 감아도
세상은 너를 보고 있다
네가 몸을 숨겨도
세상은 너와 함께 있다

초록 더미에 푸른 눈동자
아침 안개에 이슬 맺혀도
햇살 속에 너를 찾는 술래가 있다
바람 속에 너를 찾는 속삭임 있다
푸른 하늘에
눈 맞추려는 눈동자가 있다.

돈

세상 문제를 다 풀어주는 공식이다
내가 남에게 해 주어야
남에게 받을 수 있는 것
가장 흔하고 가장 귀한 것
가져도 가져도 더 가져야 하고
아무리 많아도 많은 줄 모른다
모든 것의 가치를 정하고
간단히 비교시켜 버린다
숫자가 실물이 되고
생명이 없는 것이
막강한 권력을 휘두르며 살아 있다
가장 안전하면서 가장 위험한 것
이리저리 돌아다니며 세상을 돌아가게 한다
인간 외에는 어느 생물도 쳐다도 안 보는 것
사람을 귀하게도 하고 천하게도 하면서
살게도 하고 죽게도 한다.

띠꽃

오십천 둔덕에 띠꽃 하얗게 바람에 흔들린다
삘기껌 자근자근 금방 버리고 또 버려도 지천
땡삐 순덕이 안나 백룡이 맨소리 담아
띠꽃 찾아 삘기 뽑으며 봄날 다 보내고
냇갈 긴 여울이 노을에 들면
굴뚝에 피는 연기 부르는 손짓 따라
인사도 없이 살금살금 집으로 간다
오십천 여울에 띠꽃 하얗게 노을에 잠긴다.

먼지

내가 불타지 않고서야 어떻게
빛이 될 수 있겠는가
한줌의 온기라도 전할 수 있겠는가
내가 녹아들지 않고서야 어떻게
소금이 될 수 있겠는가
한 가닥 맛이라도 낼 수 있겠는가
불타고 녹아져서 먼지처럼 작아지지 않으면 어떻게
마음과 마음 사이
그 좁은 곳을 지나갈 수 있겠는가
먼지처럼 작아져도 존재하는 곳은
빛이 닿는 거기까지
물이 스민 거기까지.

민들레

햇살인가?
바람인가?
솜털을 간지르자
까르르 웃음이 튀어 나온다
땡삐 코찔찔이 똥싸개 첫영성체 날
동그란 홀씨 호호 불며 하늘을 날고
노란 꽃잎 밟을세라 까치발로 살금살금
풀길을 간다

가만
가만
젖
내
나는
먼
먼
봄 날 오솔길
홀씨 따라 더듬는다.

초가을 바람

풍경소리 뒤로하고 내려오는 길에 걸한 곡차 한사바리 하고 가란다.

돈 천원 보시하여 갈증을 풀고 걸으니 제 딴에 차라고 머리가 서늘하다. 몸 안에서 일순하는 그 놈 향기가 솔가지 사이에 머물던 바람이던가? 흰 구름 풍덩 빠진 초가을 오후의 컬컬시원한 맛이다.

저 만치 붉은 옷 여인의 모습에 괜히 오랫동안 잊혔던 얼굴이 스쳐 범종 여운처럼 한참 가슴이 떨렸다.

바람꽃

꽃이 아니라
바람이라하네
선잠을 자다 봄기운에
눈 부비며 꽃을 피웠더니
꽃이 아니라 바람이라하네
바람이라하네.

뿔

장성한 몸 솟아난 기운
순하게 머리 숙이고 풀을 뜯고 있으나
한 성질머리 해버리고 마는
뭉퉁한 위용
뼈에서 돋아나고 살로 받혀낸 조상의 유산
풀을 먹는 자의 거만함
난폭하고 거친 고집 분노를 묻었다
잡아먹으려는 자와 함께 걷는 당당함
갈라진 발굽을 가진 자의 자존심
머리를 치켜들 때는 권위가 터져 나오고
타협을 모르는 무딘 각질은
두 눈 위에서 하늘을 받쳐 들고
생명의 위엄을 솟아낸다
어깨에서 밀어 올려져 대가리에 돋아난
힘의 경계
우주의 모서리.

사실

사실
본다는 것은 그의 빛을 내 눈에 담는 것이고
듣는다는 것은 그의 소리를 내 귀에 담는 것이고
느낀다는 것은 내가 그것과 부딪힌다는 것이고
먹는다는 것은 그것의 생명을 내 몸에 살게 하는 것이다
나는
그것으로 살고
그것으로 생각하고
그것으로 마음을 정하고
그것으로 행동한다

그러나 사실
그의 빛은 그가 받아들이지 못해 반사된 것이고
그의 말은 그가 살아온 것이고
그것과 부딪혀 느끼는 것은 그것을 다르게 느끼고
먹히는 것은 아파하고 소멸 된다
나는 그것으로 산다.
나는 그것으로 나를 만들고
세상에 드러낸다.

사고(事故)

노을 사이로 어둠이 드리듯 천라지망이 펼쳐진다. 햇살 뒤편으로 그림자 지면 은밀히 허점을 드러낸 순간, 벌레조차 잠에서 깨어나 발톱을 드러낸다. 앞서 기다리는 잔혹함은 공간속에 촉수를 드리우고 펼쳐졌다 사라졌다 끈적끈적인다. 눈앞에 보이는 화려한 빛의 조화는 신경세포에 독을 뿌려 뼈속 까지 스며 생각을 녹여 짓물린다.

한 세계와 한 세계가 공통분모로 만나는 공간 시간은 재구성 되어 방향을 튼다. 분자들이 더해진 가분수의 중력이 중심을 잃으면 저쪽 사냥꾼의 은밀한 미소가 어둠속에서 펼쳐진다. 도망자의 습관과 약점을 모두 알고, 도망갈 곳조차 훤히 보고 있는 추적자, 지나온 발자국 마다 침을 바르고, 지나갈 발자국을 점치며 즐거워 시계를 본다.

실핏줄 끝마다 욕망이 꽃몽우리 꽃눈을 내면, 꿀을 찾는 벌 나비의 더듬이가 때를 기다린다. 생명의 주제가 삶만이 아니라 죽음도 있음을 잊은 여유 뒤, 바람이 불거나 혹은 별빛이 흐르거나 혹은 꽃이 피거나, 시선을 돌린 순간, 두 개의 세계가 부딪혀 잔해를 남기고 사라진다. 한 세계를 꿈속에 가두고, 한 세계의 문을 닫고, 자신의 우주와 함께 긴 여행을 떠난다.

사람이 죽으면

사람이 죽으면 목숨값으로 잔치를 연다. 살아생전 알던 사람 다 모으고, 평생 한번 보지도 못한 아들 며느리 손자 친구 알 만한 사람 다 불러 모으고, 그저 밥이나 한 끼 먹고 가라고 잔치를 연다. 서로 얼굴이나 보라고.

평생 원수도 두 번 절하는 얼굴 한번 보며, 허허 같이 살았으니 미워할 수도 있었지. 그립고 그리운 얼굴 사진 속 눈으로 바라보며, 허허 같이 살면서 이제야 얼굴 한 번 보네. 다 살아가는 모습인데, 그 모습 그대로, 언제까지나 사는 줄 알았는데.

움켜쥐고 쌓아둔 것은 흩어져도 뿌리고 남에게 준 것들은 되돌아와 쌓이네. 산 사람의 몫은 살아가는 것, 죽은 사람의 몫은 산 이에 더불어 사는 것.

사람이 죽으면 잔치를 연다. 목숨값으로 서로 알고 지내라 한다. 얼키고설킨 사람과 사람, 핏줄과 핏줄로 이어진 강줄기 같은 것, 스스로 잔칫상을 차리라 한다.

상처 만들기

칼을 가지고 놀다가 손을 스쳤다
무심히 침범한 칼의 경계는
섬뜩한 놀라움으로 흔적을 남긴다
한참을 피가 철철 나더니 쓰리고 아프다
시간이 지나면서 아픔은 덜해지고
곪고 짓무르다가 서서히 나을 것이다
그리고 아팠던 기억은 흔적만 남기고 사라질 것이다
내 피부가 아픔을 감싸고 있음을 확인시킨 상처는
끈질긴 쓰라림으로 시간을 채우고
낫기 위해 근지러울 것이다

상처는 내 경계가 거기까지라고 말한다
더 큰 아픔이 숨어 있다고 경고한다
침범하지 말라고 흔적을 남긴다.

선자령

대관령 뒷동산 능선 길 선자령
구름 자리에 핀 꽃은 안개에 몸담고
골짜기 속새 사이 흐르는 개울은 구름에 몸 씻은 물
길가에 푸른 오리가 앉은 꽃은 현호색
풀잎 뒤에 자색 숨어 피는 꽃은 용담꽃
구비마다 구절초 담북담북 바람 부른다
중추절이 지나는 1,175m 영마루
가을이 어려 억새가 눈부신데
선선하기가 호수에 몸 식힌 오후 바람은
바람개비 돌리며 심심해 하다가
산 너머너머
산 넘어넘어
바람길에 구름수레 가을 숨 실어 나른다.

※ 선자령 : 대관령 능선에 있는 길. 풍력발전단지

소리 없는 세계

소리 없는 세계는 손으로 말한다.
두 손의 언어는
한 손으로 하늘을 쥐고 한 손으로 가슴을 쥐어
슬픈 소리를 내고
빠르다가 느리게 선을 그어 분노한 고함 소리를 낸다.
손등을 두드리고 하늘을 가리키며 두 손을 펼쳐
하느님 영광을 찬미하고
두 손가락을 구부려 동그라미를 만들며 미소짓고
사랑을 전한다.
멀리서도 속삭이고 어루만진다.
느리고 심각하게, 빠르고 가볍게
곱고 고운 목소리로 희망을 말한다.
손으로 가슴을 가리키며 얼굴을 만저 슬퍼하고 위로한다
입을 한손으로 막으며 웃음 띤 목소리로 기쁨을 전하고
그리운 정열을 부드러운 몸짓으로 사랑을 속삭인다.
소리없는 세계의 소리는 한 몸짓으로 모든 소리를 전한다
소리로 만드는 세상보다 더 넓고
소리로 그리는 세상보다 더 아름답고 감미롭다.
천사들의 대화가 그러할까
소리 없는 소리는 눈으로 듣는다.

선재길

잎새들이 단풍든다기에
성급한 사람들은 설악으로 비밀스런 색을 보러가고
느긋한 사람들은 장독대 감나무 물들길 기다린다
설악으로 간 사람은 지나친 단풍능선을 아쉬워하고
감나무 물들길 기다리던 사람은 문득 조바심이 난다
단풍능선의 남하를 막는 매복조는 오대산에 집결하고
내려오는 사람 올라가는 사람
선재길에서 쉬고 있는 붉은 어지리움에 섞인다
거기 취한 듯 취한 듯 모두 물들고
가을은 더욱 익어 진격을 서두른다
사람은 전리품을 챙기고
단풍능선은 붉은 창섬을 세우고 다시 남하한다.

쑥개떡

행복이 별건가요
새참에 마누라가 해준 쑥개떡 먹는 것이지요
행복이 별건가요
새참에 내가 쪄낸 쑥개떡 서방이 먹는 것이지요
보릿겨를 버무려 치댄 것은 개떡이구요
보릿겨에 쑥을 버무려 치댄 것이 쑥개떡이랍니다
전쟁 끝나고 칠년 흉년 논에다 메밀 심어 먹을 때
보리개떡 깔깔해 목구멍을 넘지 못해
쑥쑥 넘어가라고 쑥을 넣어 치댔더랍니다
가뭄에도 쑥은 잘도 크지요
쑥개떡 쑥쑥 먹는 것이 행복이지요.

시월

시월은 한해의 꼭짓점을 향해 치닫는다. 계절을 타고 가다가 멀미를 느끼는 곳, 설악산 공룡능선에서 전열을 갖춘 단풍은 계곡을 타고 남하하고, 길목마다 이파리들이 마중을 나와 휩싸인다. 올해의 마지막 꽃이 피고, 황금색 붉은빛으로 눈이 어지러우면, 단풍 너울을 탄 것이다. 울렁이는 구토증으로 그리움을 게워낸다.

두타산 무릉계곡의 난풍으로 함께 불탔던 옆집 총각은 제비가 되어 열 마지기 쌀을 사 입에 물고 날아가고, 그 다음 날, 순이 서울로 간 것은 순전히 가을을 타서였다. 버스를 탈 때 귓볼이 단풍에 물들어 발갛었는데 삼십 년 지난 순이 귓볼은 아직도 발갛다.

들녘은 가을 거룩한 빛을 머금고
오후 비껴가는 햇살은 떠나는 새들을 배웅한다.
이슬이 차가워진 것을 눈치 채면 문득
올해의 꼭짓점에 선다.
주체를 못한 설렘이 산으로 가자하고,
거기 단풍과 함께 먼 얼굴이 물들어 있다.

씨앗

홍시를 먹다가
씨앗 속이 궁금해
칼로 반을 가르니
모퉁이에 떡잎 하나
푸른 꿈을 꾸고 있다.

아름다운 것이

아름다움은 잔인하다
못나고 미운 것은 무시되고
모자라고 부족한 것은 버려진다
남고 넘치는 것도 내다 버리고
정녕 눈에 찰 듯 모자랄 듯
그 위험한 경계를 아름답다 한다
아름다운 것이 선이라면
선은 잔인하다.

약속

천 년 전 별빛은
별에서 여기로 왔다
나 아직 거기에 있을 때
여기서 만나기로 한 약속이 있었다
꿈과 삶이 오늘 핀 꽃으로 피고
모든 여정이 향기로 머무는 밤
약속은 무수한 반짝임으로
내 처음 그때의 가슴을 뚫고 흐르며
그리움을 스쳐 흔적을 남긴다
나 거기에 있었을 때
여기서 만나기로 한 약속이 있었다.

엄마의 네버랜드

엄마는 네버랜드에 사신다
아기를 낳은 그 순간부터 아이는 커도 아이이고
아이가 늙고 아이의 아이가 아이보다 더 커도
하는 짓이 매양 인디안 놀이이고
후크선장의 갈고리에 걸릴 것만 같다
아이가 웃으면 그냥 기쁠 텐데
아이는 언제부터인가 웃지 않는다
자식들 집안걱정으로 힘들어하는 아이나
장난감 사달라고 울어대는 아이나
엄마의 마음은 안쓰럽기만 하다
이제는 능숙히 일터로 가는 아이나
이런저런 공부하러 학교로 가는 아이나
엄마는 매번 붙잡아 주고 싶은 아이이다
아이는 여전히 작은 칼을 들고 설치고
하늘을 날다 떨어질 것만 같은 피터팬이다
품에서 떼어놓으면 울 것만 같은 아이이다
엄마는 거기에 사신다.

어수선이

비 오는 봄날 비쩍 마르고 다리가 긴 어린 강아지가 공장 안으로 들어 왔다. 동네 방송을 해도 주인이 없고 데려갈 사람도 없어 그냥 묶어두고 밥을 주었다. 다 죽어가던 놈이 생기가 나더니 밥을 한 양푼씩 먹어댄다. 눈에 띄게 키가 크고 몸이 불어 가을엔 송아지 만해졌다.

어찌나 사람을 따르고 반기는지 감당을 할 수 없어 어수선이라 불렀다. 어릴 때부터 집을 지어 주었으나 삼일이 못가 집을 끌고 다녀 부숴버렸다. 크고 튼튼한 집을 지어줘도 기어이 부수어버린다. 덕분에 한겨울 눈 맞고 잠든 날이 태반이고 집은 한 다섯 채 지어줬다. 덩치가 크다고 목줄을 세발쯤 해 주었더니 반경 안의 땅이 반질반질하다. 세숫대야만한 밥그릇에 밥을 먹고 나면 입으로 밥그릇을 물고 던지고 받으며 논다. 어쩌다 사람이 근처에 가면 송아지만한 덩치가 덮쳐 온갖 애교를 다 떠는데, 흔드는 꼬리가 힘이 넘쳐 맞으면 최소한 입원이다. 목줄이 끊어진 날 회사 비상이 걸렸다. 목줄을 연결하느라 놈에게 안겨 침으로 옷을 다 버렸다.

올여름 그 많은 비를 맞으며 사람을 바라보는 눈이 하도 애처로워 잔치를 했다. 근 일 년 반을 살면서 세발 반경을 벗어나지 못 하다가 그제야 자유를 얻었다. 그토록 좋아하고 따르던 사람들과 한 몸이 되었다.

늦여름밤

귀뚜라미 귀뚜르르
쓰르라미 쓰르르르
여름 별빛 바다
가을 파도 소리.

어찌 이리 잊고 있었을까

친구 장모가 돌아가셔서
문상을 하고 늦은 점심을 먹는데,
그 친구가 다른 친구를 데려와 인사를 시킨다.
국민학교 때 6학년 1반이었다며 모르냐고 한다
나는 2반이었는데 이름을 대자 금새 알아보고
우리 집 내력까지 훤히 안다
같이 유지구에 살았다는데 도통 기억이 없다
동창이라니 말을 놓고 아는 체를 해 주기는 하는데
유지구는 50년 전 잠간 살던 곳이라 별로 기억이 없다
봉황촌 새마을로 이사를 해 거기서 계속 살았다 하자
그 친구도 그때 봉황촌 새마을로 이사를 했단다
뒷집에 누가 살고 옆집에 누가 살고
한 스무 집 정도 있던 새마을 집들이 생각나며
아까부터 맴돌던 기억이 드러났다
바로 우리 뒷집에
담 넘어 매일 만나던 친구
그 아이를 어찌 이리 까맣게 잊고 있었을까
어릴 때 모습이 조금은 남아 알아보겠고
우리 집 우물 펌프 그 아이 집 우물 펌프
담 넘어 책을 빌려주던 아이

그 친구는 중학교 들어가자마자
인사도 없이 인천으로 이사를 가고
친구를 조금 그리다가 잊었었나 보다
그래도 어떻게 그렇게 잊고 있을 수가 있는지
이제는 말과 행동이 자연스러워지자
친구도 안도하는 얼굴이다
옛 일들이 파도처럼 밀려오고
누구보다 친했던 기억이다
평일 바쁜 약속들이 있어 급히 헤어졌지만
나는 더 많은 기억의 잔해를 모아
전화를 하고 다시 만날 것이다
헤아려 보니 46년만이다.

오늘 하나씩

오늘 70억 명에게
오늘이 하나씩 주어졌다
새벽도 하나
아침도 하나
정오도 하나
오후도 하나
밤도 하나
하나씩 모두에게 주어졌다
모두에게 다른 오늘이지만
모두에게 같은 오늘이다.

여자여

여자여 참고 살아라. 남자가 연애시절과 달리 무심하고 혼자 설쳐대는 것은 여자를 너무 모르기 때문이다. 남자라는 동물은 여자 사람을 도무지 알 수가 없다. 제 잘난 멋으로 세상 다 살고 끝없는 욕망으로 더 많이 더 높이 하며, 목적도 없이 숲을 해매며 따라오라고 한다.

우주를 90프로 안다는 호킹 박사도 남자라 여자를 10프로밖에 알지 못한다 한다. 오래 같이 살다보면 남자 동물도 사람처럼 되니 그냥 내 버려두고 여름 햇볕이나 피해있어라. 숨 막히는 더위와 함께 태풍이 서너 차례 지나가면 단풍 들고 과일이 서늘히 익는 시기가 오니, 복수를 하려면 쥐고 놓지 말아라.

너 갈 데로 가라고 자칫 도장이라도 찍어수면 이산서산 고삐 풀린 망아지처럼 돌아다니고, 그저 주려고만 하는 이브의 딸이 불쌍타고 사과를 따 먹이려 할 것이다. 힘이 빠져 헐떡이며 숲에서 밀려나 놀 곳이 없을 때, 놀아달라고 찾아오면 때가 온 것이다.

남자는 여자가 가진 빛으로 세상을 보고
고뇌에 빠져 여자 사람을 따르리라.

여우비 오던 오후

벼들이 시월의 금빛을 그리던 오후
당진군 고대면에 여우비가 오더이다
햇살과 빗방울이 만나더이다
둘이 상종을 못하는 줄 알았는데
빗방울은 노래하고
햇살은 춤추더이다.
반가워 어쩔 줄 모르며
웃었다 울었다, 울었다 웃었다
노래하며 춤추더이다
가을 들녘은 미소 지으며
빨갛고 노랗고 하얀 꽃들이 피어 웃고 있더이다.
원래 만나지 못할 일도
미워할 까닭도 없는데
햇살과 빗방울은
다 하느님의 같은 마음인데
혼자 괜스레 둘이 만나면 안 된다는 생각에
염려하고 불안하고 신기해하였나이다.
그날 여우비는 햇살 더불어
용두리 들녘에서 채운 언덕까지
빨 주 노 초 파 남 보

둥근 무지개를 걸며 놀더이다.
그리고 아쉬워 아쉬워
저녁노을 남기고
눈물 반짝이며 헤어지더이다.

2016년 봄

올 봄은 이상하다
원래 봄이 오는가 하면
노란 개나리 피고 민들레 피고
양지쪽 분홍 진달래 피고 벚꽃 피고
담 밖에 진홍 복사꽃 피고 영산홍 피고
조팝 이팝 함박꽃
그렇게 차례로 지구에 다녀가야 하는데
올 봄은
휘몰아치듯 길가에 산에 들에 휩쓸어
한꺼번에 한 달 치 봄을 다 써버렸다
봄맞이 가려던 사람들은 '어어' 하다가
봄날 가는 줄도 모르고
져버린 꽃을 찾고.

올해 — 58세, 58 개띠

평생 멍멍 짖기만 하다가
올해 말다운 말 한마디
"엄마, 사랑해요."
환갑이 다 되어도 실속 없이 바쁘기만 하고
공부한다고 학교 기숙사로 가버린
제대한 자식 놈은 도통 집에 오질 않고
술이나 먹으려니 아직 해가 중천이라
호미 들고 밭에 나서니 햇살이 따갑다
흰 꽃이 여기저기 피고
멀리 뻐꾸기 우니
산 너머너머 동해 바닷가 삼척
홀로 계신 엄마가 그립다.

용두리 우두리

당나루 바다를 끼고 구비구비 동네동네
물이 빠지면 갯벌로 이어지는 두 마을이 있었지
동네 사람덜이 태풍 지나 간 낭구맨치로 거칠고 비비꼬여
니네 수합 빈껍데기라 어쩐댜?
니네 쭈꾸미 살이 망해버려 어쩐댜?하며
시절탱이가 되어 서로 시절이라 불렀구먼
그런디 그 한 마을에는 용이 살었고
다른 한 마을에는 거부기가 살었어
임진년인가 기미년인가 암턴지간에
붉은 노을이 온 하늘을 뒤덮고
다라만한 해가 초락도를 넘은 후
내리 삼년을 가물었지
장마철에도 구름만 왔다리갔다리 태풍도 안 온겨
용 한티 기우제를 지내던 마을이
거부기 마을은 기우제도 안 지낸댜? 했댜
그 대미는 뻔 허지 뭐 거부기 때미 비가 안온다고 힜고
뭐여? 이 시절들아 하고 디지게 싸웠지
용도 거부기도 지 마을 인간들을 위한답시고 무쟈게 싸웠어

불을 토허고 댓발이나 되는 발톱을 드러내고
싸우면서 하늘로 올라갔지
비는 안 오는디
번개가 치고 천둥이 치며 한참 난리를 허더니
용이 살던 마을에는 용대가리가가 뚝 떨어지고
거부기 살던 마을에는 거부기 팔다리가 투두둑 떨어졌지
그러면서 용 핀지 거부기 핀지
비가 부잦게 오고 나서 무지개가 뜨디니
용두리라 하여라 구지리라 하여라는 소리가 들렸댜
용두리 사람들은 알었슈하고 용두리라 했는디
구지리 사람들은 됐슈 저쪽은 대가린디,
소대가리라허믄 안니유? 했댜
그래서 우두리가 됐다나 뭐라나
그때 용대가리 자르고 거부기 다리몽댕이 자른 칼이
물 들어오는 꼭지에 떨어져 백히며 칼바위가 됐댜
또 싸우믄 느이들 작살을 내뻐릴겨 하며.

왜 사는지 모르고

하늘 바라고 솟는 나무
왜 사는지 모르고 한여름 무성히 크고
무작정 제 몸 키우던 수박덩어리
왜 사는지 모르고 원두막에서 갈라지고
닭장 중병아리
왜 사는지 모르고 초복에 털 뽑히고
지난겨울 재롱부리던 강아지
왜 사는지 모르고 중복에 삶아지고
천지사방 돌아다니는 사람
왜 사는지 모르고 돈을 벌고
왜 사는지 모르고 아이 낳고 여행 다니며
왜 사는지 모르고 한 백년을 산다.

인간이면서

좁은 닭장 속에서 3개월을 살다가
치킨으로 튀겨져 죽는데
백년을 살다가 죽는 인간이면서
끈에 묶여 하루 한 끼 얻어먹다가
삼복에 삶아져 보신탕으로 죽는데
하루 세끼 꼬박 먹는 인간이면서
밥상에 한 번 앉았다고
한철 파리는 탁 맞아 죽는데
맛이 없다고 먹던 것도 버리는 인간이면서
그렇게 우리 생명으로 풍족하게 살면서
왜 못살겠다고 싸우고 지지고 볶는지.

우리 집 약도

바람이 솔가지 사이를 다니는 곳, 큰 길에서 벗어나 은행나무 세 그루 서 있는 길이지. 밭에 마늘이 아기 고추만큼 나오면 바람이 만져보고 지나가고, 낮은 언덕이 얼굴 붉히고 노랗게 웃는 곳, 할미당 고개를 다 올라 왼쪽으로 난 길이야. 여름엔 작은 악마 이빨 같은 하얀 고추 꽃이 피고, 길 따라 개망초 꽃이 하얗게 출렁이지. 그 꽃잎 아래에 진드기들이 서로 엉겨 잔치를 하고 있단다. 인화당 약국을 지나, 오래된 기와집 양조장을 지나, 저녁에는 산 너머 노을이 걸리지. 개나리 가지 사이로 참새들이 부산하고, 논에 트럭터가 지나가면 황새들이 뒤따르지. 작년에는 길가에 양귀비를 심어 참 보기 좋았단다. 구상나무 빨간 열매가 보이면, 찔레꽃 담북담북 바람에 향기 날리면, 산 쪽으로 난 길을 조금 올라 와. 파란 기와집 은행나무에 그네가 메어 있고, 불럭 담장이 반쯤 무너진 거기가 우리 집이야.

날이 좋으면 텃밭 옆에 자리를 깔고
모깃불을 피우고 상추 뜯고 풋고추 따서
삼겹살을 구울 거야.
니가 오지 못하더라도.

웃음, 눈물

웃음과 눈물은 참 다르다
웃음과 눈물은 같은 눈에 나타나지만
웃음은 얼굴에서 시작하고
눈물은 가슴에서 시작한다
웃음은 처음 접해도 웃음이 나오지만
눈물은 세월을 접해야 눈물이 나온다
웃음은 잘 몰라도 웃게 되지만
눈물은 깊이 알아야 울게 된다
웃음은 세상에 드러나나
눈물은 혼자 숨어 흘린다
웃음은 널리 퍼지지만
눈물은 바다처럼 깊이 고인다
웃음은 함께 웃고 같이 즐거워하지만
눈물은 함께 울어도 홀로 서럽다
속으로 웃는 웃음은 필이 좋지 않지만
속으로 흐르는 눈물은 억장이 무너진다
웃음은 헛웃음도 있으나
눈물은 헛것이 없다
웃음과 눈물은 사람만이 받은 선물
사람이 웃으면 꽃이 핀 것 같고
사람이 울면 뿌리가 드러난 것 같다.

이젠 아

아픔도 슬픔도 설움도, 평안함도 기쁨도 행복도, 다 잊혀지고 사라졌구나. 이젠, 아, 죄만 남았구나, 죄만 남았구나. 이 한 몸 보금자리로 그 큰 공간을 차지하고, 아 한 몸 움직이려고 그 많은 자원을 쓰고 쓰레기를 남겼구나. 조금 더운 것을 못견뎌 지구를 망쳐가며 시원하게 만들고, 조금 추운 것을 못 견뎌 지구를 망쳐가며 덥게 만드는구나. 다 먹지도 못할 것을 만들어 부패시키고 오염시키고, 너무 많이 먹어 많은 생물을 죽여버렸다. 가지고 있는 것도 쓰지 못하면서 더 가지려하고, 누리고 있는 것도 누리지 못하면서 더 누리려하였구나. 나를 내 세워보려고 과장되게 큰 걸 걸치고, 채워지지 않는 부족함을 채워보려고 지구를 다 망쳤구나. 우리 다음에 오는 신의 자손들은 우리가 토해낸 쓰레기로 고통을 겪으리라. 우리가 파괴한 자연의 복수를 받으리라. 우리가 써버린 텅 빈 에덴을 안고 이 세대를 원망하리라.

이 죄를 어이할 것인가
아, 이 죄를 어이할 것인가.

입이 하나인 것은

두 눈이 같은 것을 보는 것은
한 눈이 본 것을 다른 눈이 확인하라는 것
두 귀가 다른 쪽을 향한 것은
이쪽 말도 저쪽 말도 들으라는 것
하나인 입이 가운데 있는 것은
한 몸으로 두 말하지 말라는 것.

정말 그렇다

슬픈 사람은 슬프다
아픈 사람은 아프다
예쁜 사람은 예쁘다
순수한 사람은 순수하다
정직한 사람은 정직하다
어려운 사람은 어렵다
괴로운 사람은 괴롭다
나쁜 사람은 나쁘다
인색한 사람은 인색하다
좋은 사람은 좋다
사랑하는 사람은 사랑스럽다
여유로운 사람은 여유롭다
자유로운 사람은 자유롭다
놀라운 사람은 놀랍다
거룩한 사람은 거룩하다
정말 그런 사람이라면 정말 그렇다
그 사람이 그러면
나도 그렇다.

죽어선 안 된다

요즘엔 냉동실에 바로 들어가기 때문에
그럴 일은 없지만
예전엔 죽었다 깨어나는 사람이 종종 있었다
죽었다 깨어나도 못하는 일은 못하지만
그래도 죽어보니 이렇더라 할 말은 많았다
우리 옆집 백룡이 아버지도 병풍 뒤에서 일어나신 분인데
친구 분이 죽었다가 왜 살아 왔냐 놀리면
죽는 게 쉬운 일인 줄 아냐?
너도 죽어봐라 너도 죽어봐라 하신다
그러고 그 후로 한 이십년 더 사셨다
그런데 요즘엔
죽었다 깨어나도 죽었다 깨어날 날 일이 없고
저승 소식 들을 일 없다
그래서 꼭 죽을 때가 아니면 죽어선 안 된다

짐승

나비 한 마리 털끝에 앉았다가 날아간다. 코끝에 실려 온 바람의 냄새로 굶주림의 끝을 예감하고 실눈을 밝힌다. 근육에 붙은 털가죽에서 불꽃이 튀듯 고독이 뚝뚝 떨어진다. 기지개와 함께 울음소리는 안으로, 안으로 바닥을 울리고, 숲 그늘에 모습을 감춘 욕망은 숨 쉬는 파동조차 없다. 굶주림의 분노로 눈동자는 풀잎 사이에서 이글거리고 뛰쳐나가려는 근육을 마지막 순간까지 달래고 달랜다.

고독은 고독의 상처를 후벼 파고, 상처는 아픔보다 분신으로 남는다. 한 생명의 생명으로 생명이 이어지는 숲의 삶, 혀끝으로 축여진 콧잔등은 실수 없는 거리를 잰다. 발바닥이 구름을 밟는다. 발등으로 마른 침묵이 흘러간다. 언듯 비껴간 세월의 거울에 비친 날카로움으로 서로가 서로를 눈치 챈 순간 바람도 아차 멈추고, 그림자를 떨쳐 버린 뒷다리는 시련을 박차고 흙먼지를 일으킨다.

해일 같은 근육이 어깨를 타고 넘어 허리에서 유선을 그리고, 시위를 벗어난 두 개의 발톱이 진실을 할퀴어 삶을 헤 집는다. 햇빛에 드러난 백색 송곳니는 호흡과 호흡 사이를 가르며, 뜨거운 육체의 감촉으로 비린 향수가 일어 몸을 떤다. 입 안 가득 찬 생명의 기운은 현기증을 일으킨다.

징소리

낮은 곳에서 하늘로 오르는 소리
하늘에서 내려와 마음잡는 소리
푸른 쇳덩이를 매로 쳐 모양 잡고
모양을 매로 쳐 소리 잡고
소리를 매로 쳐 트집 잡고
트집을 매로 쳐 울음 잡고
울음을 매로 쳐 여운을 잡으니
하늘과 땅 사이 오가는 소리
소리 없는 삶이 삶이더냐
지금이 인생의 꼭짓점
한번 살지 두 번 산다더냐
그만큼 매질 당하였으년
아무 말이나 한마디 하여라
징
징
징.

쭈꾸미 꽃

서천 동백림에 동백꽃 붉다기에
네비에 동백정 치고 250리를 갔는데
바닷가 길에서 차가 막혀
지는 해를 보며 돌려 왔다
다음날 일찌감치 동백정에 다시 가니
동백림 동산이 봄을 타 붉은 반점이 가득하다
마누라 썬그라스 씌우고 꽃 사이에 피라하여
휴대폰으로 사진을 찍으니 근사하다
나무 아래 꽃잎 쓸고 벤치에 앉으니
어느새 햇살이 따갑다
파도 없는 바다가 재잘재잘 반짝인다
동산 아래 갯벌에 천막치고 장이 열렸기에
슬렁슬렁 가보니 어제부터 쭈꾸미 축제란다
엿장수 공연준비 하는 공터까지 둘러보고
횟집으로 들어오라는 아줌마의 너스레를 못 본 척
한집 건너 기웃기웃 둘러보니
이 집 저 집 수족관 유리벽에
꽃잎 여덟 개 쭈꾸미 꽃이 활짝 피었다.

참아라

참는 자에 의해 인류는 이어지고
참지 못하는 자에 의해 인류는 성장한다
참아라 참아라 언제까지나
그러나 참지 마라 이 순간부터
분노를 준비하라.

철새는

철새들은 화살표 방향으로 날아간다
서로의 날갯짓에 기대어
하늘 그 곳으로 날아간다

철새는 혼자서는 화살표를 찾지 못한다.

청옥산 달실

청옥산 골짜기 범나비 분분한데
닭 모습은 간데없고 알 또한 찾지 못해 다만
물 흐른 흔적 따라 물 흐르고
사람 사는 모습 따라 사람 사는 것
논 한 뼘, 기와 한 장 먼저 산 사람의 흔적
얼굴에 어린 표정조차 조상의 흔적인가
돌다리 건너 청정암은 거북등에 아직 있고
크지 않은 마루에 누우니 바람이 따라 눕는다
가을은 먼데
따가운 햇볕 아래 산은 청옥인 듯 시리고
구름 그림자 무심히 정오를 지난다.

※ 청옥산 달실 : 봉화군 청옥산 기슭, 닭이 알을 품은 모습의 마을

칠월

꽃은 숨어 피지 않지만
여인은 꽃잎 뒤에 숨어서 핀다
칸나꽃 붉은 칠월
꽃보다 더 붉게 타는 여인
숨겨도, 숨겨도 드러나는 진홍빛
감춰도, 감춰도 퍼져나는 뜨거운 숨결
가려도, 가려도 드러나는 눈길
다가오라는 몸짓
가지 말라는 속삭임
꽃은 잎새에 숨어 피지 않지만
꽃잎에 숨어 피는 여인은
꽃보다 붉다.

코

입 바로 위에 코가 있는 것은
냄새로 음식을 가려 먹으라는 것이다
입 바로 위에 코가 있는 것은
입에서 나오는 향기에 내가 먼저 취하고
입에서 나오는 독에 내가 먼저 쓰러지라는 것이다
코는 입 바로 위에서 입을 감시하여
세상으로부터 나를 지키고
나로부터 세상을 지킨다
그래서 제일 앞에 있다.

하물며

귀 속이 하도 가려워 작은 꼬챙이로 긁으니
그 시원함이 어깨를 들썩이게 한다
이리 작은 것에 온 몸이 떨리는데
하물며 온 몸에 긁힌 사랑의 상처야
뼛속까지 사람이 바뀔 만하다
그래서 사랑이 깊으면 상처는 더 아프고
사람은 더 크게 변하는 것
첫사랑 눈먼 그 날 이후
얼마나 많이 변하고 변하는가
변하지 않은 사람은 사랑하지 못한 것
사랑하지 않으면 제 삶을 긁지 못하는 것.

허수아비

허수아비가 하는 일은 참새를 쫓는 것이다
한 천년을 그렇게 서서 참새를 쫓다 보니
이제 참새를 쫓는지 참새와 노는지
사람이 허수아비를 믿는 것보다
참새가 허수아비를 더 믿는다
그래도 농부의 마음이 넉넉해지면
밀짚모자 허수아비를 세워 놓는다
철없는 허수아비, 속없는 저고리 바람에 날리며
눈치 없이 서서 참새를 기다린다
들녘은 누렇게 익는데
참새가 허서방과 놀다가지 않은 날은
시집 간 딸자식 그리는 아비 맘 같다
저마다 이맘때면 속이 꽉 차 알알이 익는데
갈수록 넓어지는 농부의 빈 들녘에
허수아비 하나 서서 참새를 기다린다.

한 오십년 된 기억 1

어머니께서 한글을 가르치신다고 국어책을 폈는데
무슨 내용인지는 기억이 나지 않지만 다 아는 글자였고
분홍색 엄마 진달래꽃 아기 진달래꽃 그림이 몹시 슬펐나 보다
몇 자 안 되는 내용을 한눈에 읽고 자꾸 눈물이 나는데
어머니는 글 못 읽는다고 채근하다 매를 주신다
소리 내어 읽으려니 울음이 터져 우는데
따라 읽으라고 한 글자씩 불러 주시는데
이미 목구멍에 가득한 슬픔은 멈출 줄 모르고
아프지도 않은 매가 서러워 더 울었는데
오늘 왜 그것이 생각나서.

한 오십년 된 기억 2

연필심이 부러져 이빨로 물어뜯는 것을 보시고
불을 때던 어머니가 낫으로 예쁘게도 깎아 주셨다
그 어머니보다 더 나이가 들어도
한 번도 낫으로 연필을 깎아 본 적이 없다
연필을 쓸 때마다 낫을 쓸 때마다
어머니 손길이 생각 나 가슴이 따뜻하다
등뼈가 세 마디나 내려앉아 작아진
구십 어머니가 꽃잎 같다.

현대인

한손으로 핸들을 잡고
다른 한 손으로 햄버거를 쥐고 먹고 있다
발은 가속페달과 브레이크를 정확히 밟고
귀로는 브라암스를 들으며
눈으로 앞차를 보고 도로표지를 보고 지나가는 사람을 본다
룸미러를 통해 뒤차가 어디 쯤 있는가 확인한다
핸드폰 벨이 울리자 전화기를 들고 웃고 떠든다
다시 햄버거를 먹으며 라디오 채널을 바꾼다
또 전화벨이 울리고 저녁 약속을 한다
모임에 식사를 어디서 할까 생각한다
끼어든 차를 향해 욕을 한다
이번엔 내가 트럭 앞을 끼어 든다
트럭이 빵빵거린다
현대인은 초인인가 정신분열증 환자인가.

호서엔 내포에 삼월에

호서엔 내포에 삼월에 바람이 분다
가지 않겠다고 떼쓰는 겨울허깨비를 붙들고
가자고가자고 소맷자락 잡고 끌며 잉잉 거린다

호서엔 내포에 삼월에 비가 온다
아직도 껍질 속에서 나 몰라라 잠을 자는 가지에
꽃눈 내라고 꽃눈 내라고 흠뻑 적셔 간지른다

호서엔 내포에 삼월에 아이들이 거리를 걷는다
웅크리지도 종종거리지도 않고 여기저기에
혼자서 혹은 둘이서 우산을 쓰고 학교에 간다

호서엔 내포에 삼월에 새가 난다
떠날 채비를 마친 겨울새들은 하늘 저쪽
호수 물 위를 차고 올라 먼 데에 시선을 둔다.

호서엔 내포에 오월에

호서엔 내포에 오월에 꽃이 핀다
솜사탕 덮은 듯 햇살 가득
아카시아 찔레 이팝 조팝 층층나무
봄날 다 간다고 하얗게 꽃이 핀다

호서엔 내포에 오월에 뻐꾸기 운다
한 낮에 한 밤에 뻐꾹 뻐꾹
이 산에 저 산에 뻐꾹 뻐꾹 뻐뻑꾹
여름 온다고 먼 듯 가까이 뻐꾸기 운다

호서엔 내포에 오월에 열매 맺는다
사과꽃자리 어린 시절 꿀벌 더듬이 짓
앵두꽃자리 어린 시절 나비 날갯짓
추억이 여물지게 스며들어 자리를 잡는다

호서엔 내포에 오월에 한낮이 간다
벼는 물 가득한 논에서 개구리 노래에 자라고
사람은 고사리 꺾는 핑계로 쑥떡쑥떡 싸 들고 산으로 가고
오월, 덥지도 않은 한 낮 아카시아 향기가 그늘에 머문다.

호서엔 내포에 유월에

호서엔 내포에 유월에 개망초 핀다
길가에 산기슭에 제방에 언덕배기에
바람이 불면 휘적휘적 하얗게 물결 인다
꽃술에 엉겨 진드기들 축제를 연다

호서엔 내포에 유월에 변덕이 죽 끓는다
우르릉 쾅쾅 번쩍번쩍 쨍쨍 캄캄
성질나는 대로 쏟아내며 사춘기 몸살을 앓는다
어머니 대지는 초록에 초록 젖을 먹인다

호서엔 내포에 유월에 감자를 캔다
감자꽃이 별들과 은밀한 속삭임 밤새도록 있던 다음 날
땅속에서 행복한 꿈이 알알이 여물었다
산고의 고통은 아이가 하늘을 보게 하였다

호서엔 내포에 유월에 한낮은 숨가쁘다
연일 뜨거움을 더하고 식혔다 달궜다
산을 오르는 기차처럼 나무를 흔드는 바람처럼
짐 실은 노새마냥 헐떡이며 하지의 정오를 넘는다.

호숫가에서 – 산막이 옛길을 걸으며

산이 빠져 풀물 든 물빛에 잠긴다
오리나무 사이로 난 오솔길이 오후의 쉼 길
물은 지인의 눈동자만큼이나 깊고
단풍능선이 남하하는 길목에 매복한 호수에
지고 온 짐을 한 걸음씩 덜어 둔다
챙겨둔 날들, 버거운 굴레를 벗겨
방생하듯 풀어 주고
바람이 되어 구름과 동행한다
산은 호수에 빠져 물 아래
깊이 솟아 있다.

3부

나는 오늘 행복하다

그게 그거

내 행동이 유리병처럼 투명하다면
내 생각이 물처럼 맑다면
한 조각 성체로 빛이 될 텐데
한 방울 성혈로 물들어 버릴 텐데

더러운 물엔 새물을 부어도 맑아지지 않아
버리고 새물을 받아야 맑은 물이지
아무것도 버리지 못하니
새것을 받아봐야 그게 그거
덧씌우고 덧씌워도
냄새나는 그것
버리지 못하면 평생 그게 그거.

나는 오늘 행복하다

굶주린 사람은 먹을 것이 있으면 행복하다
나는 오늘 행복하다
목마른 사람은 물 한모금 마시면 행복하다
나는 오늘 행복하다
아픈 사람은 아프지 않으면 행복하다
나는 오늘 행복하다
보이지 않는 사람은 세상이 보이면 행복하다
나는 오늘 행복하다
듣지 못하는 사람은 듣게 되면 행복하다
나는 오늘 행복하다
움직이지 못하는 사람은 움직이면 행복하다
나는 오늘 행복하다
일하지 못하는 사람은 일하면 행복하다
나는 오늘 행복하다
가족과 떨어져 사는 사람은 함께 살면 행복하다
나는 오늘 행복하다
이웃이 없는 사람은 이웃이 생기면 행복하다
나는 오늘 행복하다
자신이 짐승이 아니라 사람임을 안 사람은 행복하다
나는 오늘 행복하다

내가 오늘 행복하지 못하면
나는 죄를 짓고 있는 것이다.

민들레 – 성거산 야생화전

천년을 살아온 나무와
천년을 해마다 살아난 너와 무엇이 다르랴
죽고 죽고 또 죽어도 일편단심 살아야 하는 이유는
내 부끄러움 한 점 남지 않은 그 날에
님의 피 스민 성거산 흙에서 피어나
님처럼 붉은 피 흘리며
죽으리라. 그리하여
당신 뜨락에서 정말로 살리라
지지 않는 꽃으로 피어나.

성체꽃

사랑만으로 피어난 꽃
당신 몸으로 피운 꽃
순교로 순교로 지켜낸 꽃
사제의 손을 꽃받침으로 피어나는 꽃이여

우리 마음에 열매 맺는 꽃
온 삶을 향기로 채워 주는 꽃
죄의 둠벙에 하얗게 핀 꽃
구원의 길목 거기에 핀 꽃이여.

비처럼 강물처럼 — 솔뫼-신리~여사울 도보성지순례

성령이 비처럼 강물처럼 흘러
은총이 풀밭처럼 넘치는 땅
성인의 선혈을 따라 묵주의 인도로
서기 어린 길을 걷는다

황홀하고 영광스러운 하늘의 징표를 눈빛에 담고
참삶의 씨앗을 두근거리는 가슴에 보듬어
몰래 몰래 짚신이 닳도록 걸었던 길
서슬 퍼런 칼날이
천주쟁이 냄새를 쫓아 난무하던 하늘 아래
피와 목숨만으로 지켜낸 발자취, 일궈낸 믿음
압슬 당해 깨진 무릎으로
한 걸음 한 걸음 천국 문을 두드리네
제 팔뚝의 살을 물어뜯어 증거한 님의 길
새벽이슬에 젖은 강뚝 길에서 고뇌하던 성인의 의지는
양떼를 구하려 제 몸을 내어주고
세 소년은 영원한 삶의 양식을 구하러, 생명의 물을 뜨러
추운 겨울 육 개월 이국땅 마카오로 걸어서 가고
못자리 마을마다 줄줄이 엮이어
머리는 저 산에, 몸은 저 들에 버려져도

예수마리아를 밟지 못 했네
간밤의 칼바람에 뿌려진 생명, 생명과
창호지 뒤 촛불 아래 나누어 먹던 성체가 한 몸 되어
새벽빛에 피어나 내포 길 위에
바람으로 이네
바람이 태풍이 되어 휘몰아
아시아의 동쪽 오래된 나라에 아침이 오고
성령이 비처럼 상물처럼 흘러
은총이 풀밭같이 넘치는 땅
축제를 여시네
성인의 핏방울로 피어난 꽃으로.

비천(飛天)

아침에 날아오르는 새는
기도를 실어 나른다
아프고 아픈 날 아픔 조금 덜어 싣고
슬프고 슬픈 날 슬픔 조금 덜어 싣고
서럽고 서러운 날 설움 조금 덜어 싣고

날갯짓에 기대어
아침 햇살을 지나
인간의 관계를 지나
지난 밤 별빛이 가른 경계를 지나

귀 기울여 듣고 있는 성자의 귓가로
큰 품으로 안아주는 성자의 가슴으로
창조의 손으로 눈물을 닦는 성자의 눈으로
하루 삶을 길어주는 성자의 우물로

밤새 드려진 기도를 싣고
한 마리 또 한 마리, 무리지어
오늘로, 오늘로, 날아오른다.

악마는 어떻게 다가오는가

악마는 당신이 가장 좋아하는 모습으로 다가온다
당신을 명예롭고 위대하게
당신 마음에 썩 드는 행동으로
당신을 가장 사랑하는 위로의 말로
그렇게 다가온다
당신을 즐겁고 기쁘게 하는 것을 잘 살펴라
당신의 행복을 경계하라
악마는 그리로 들어와 당신 자리를 차지할 것이다
악마는 껍데기를 주고 알맹이를 빼어 간다.

신리 – 신리~합덕성당 도보순례길

합덕벌 덕산천 가 논으로 둘러 쌓인 섬
400여 예수쟁이 손씨 마을
칼 아래 스러지거나 몸을 피해 숨어가니
아 신리! 한 사람도 남지 않았구나
우리 주교님 대나무 삿갓으로 하늘을 가리고
수단 대신 상복 입고 천사의 날개라고 좋아하셨네
제비가 집을 짓는 초가집이 성전이요 주교관이었네
칼바람이 태풍처럼 몰아쳐도 신자들이 울타리였고
목숨이 오고가도 예수마리아를 놓지 못했네
해진 미투리 끈을 잡아매고 성체를 품은 주교님
예수님을 가진 자가 다 자진 자이다
목자 없이 길을 찾는 양떼를 찾아
그 순수한 열정의 일치로 이 땅에 오신 이
양떼들이 죽어 나가는 것을 보고 있을 수 없어
목자의 지팡이로 십자가의 길을 걸었네
보령 바닷가 오천항 고개 넘어 말 물 먹이던 갈매못
잔치처럼 징소리 나발 소리 들리더니
반쯤 잘린 목에서 솟은 피가 모래에 스미고
몸은 고통에 경련하여 뒤틀리시네
바람도 숨죽인 땡볕 아래 놀란 신자들

서둘러 500냥 마련하여 마저 쳐 달라고 애원했네
망나니도 사람이라 먹고 살아야 하겠지만
아아 너무 야속한 칼질이야
그 후 칼바람 스치는 동네마다
머리는 저 산에 몸둥이는 저 벌에
모든 것 버리고 주님만 끌어안고 떠난 사람들
안개 가득한 길 피 흘리시던 발자국을 더듬어 걸으니
가을 탓인가 길가에
그날 발등 적시던 구절초가 눈동자인 양
이슬에 젖네.

※ 손씨마을 : 손자선 토마스 성인의 마을
※ 우리 주교님 : 다블뤼 안토니오 안주교님(조선교구 제 5대 교구장 : 1866년 오천 갈매못에서 순교)
※ 초가집 : 손자선 성인의 생가, 주교관이자 조선 교구청
※ 밑줄 글 : 다블뤼 안토니오 주교님의 말씀
※ 목자 : 다블뤼안토니오 주교님, 오매트로 오신부님, 위애 민신부님, 황석두 루까 회장님
※ 갈매못 : 보령 오천, 네 분 성인이 효수된 곳
※ 저 벌 : 32기의 목없는 무명 순교자의 묘, 14기의 손씨 가족 무명 순교자의 묘

십자가 위에서의 변명

야훼 하느님께서 찾으셨다
아담 어디에 있느냐
아버지 여기 있나이다
십자가에 못 박히신 예수께서 답하셨다

야훼 하느님께서 진노하셨다
인간아, 너는 먼지이니 먼지로 돌아가리라
아버지 저들에게 제 몸을 먹이고
제 피를 마시게 하였나이다. 그리하여
영원히 살리라 하였나이다.

야훼 하느님께서 저주하셨다
인간의 후손아, 너는 죽도록 고생해야 먹고 살리라
아버지 저들에게 평화를 주며
제 평화를 주었나이다.

기력을 다 하신 예수께서 하늘을 올려다보셨다
아버지 저를 보시고 저들의 죄를 사하소서
저들에게 오늘 일용할 양식을 주시고
이 땅에 아버지의 뜻을 이루소서

그날
나무십자가에 못 박혀 흐른 눈물이
우리를 지키신다
온 세상 십자가를 들어 주신다.

아으 내 영혼

아으 내 영혼 똥 묻었네
게으르고 게으른 몸뚱이 어쩌지 못해
개똥밭을 뒹굴어
아으 내 영혼 똥 묻었네

아으 내 영혼 벌레 먹었네
욕심꾸러기 배불뚝이 어쩌지 못해
온갖 쓰레기 다 모아들여
아으 내 영혼 벌레 먹었네

아으 내 영혼 찌그러졌네
치미는 화를 어찌할 줄 몰라
이리 부딪치고 저리 부딪쳐
아으 내 영혼 찌그러졌네

아으 내 영혼 곰팡이 슬었네
놀고먹는 것에 정신 팔려
반짝반짝 닦지 못해
아으 내 영혼 곰팡이 슬었네

아으 내 영혼 세수해야지
기도의 찬 물로 맑디맑게
흙투성이 세균 덩어리
씻어 내야지

아으 내 영혼 목욕해야지
미사의 뜨거운 물로 온 마음을 뜨겁게
게으르고 미지근한 내 생활
반짝반짝 닦아야지

아으 내 영혼 둥굴게 둥굴게 펴야지
봉사의 망치질로 다지고 나저
울퉁불퉁 찌그러진 하루하루
보름달처럼 환하게 만들어야지

아으 내 영혼 싱싱하게 살려야지
맛 나는 진리의 물로 생기를 돋우어
곰팡이 슬고 냄새나는 내 습관
푸르게 푸르게 가꾸어야지.

옹기쟁이

믿음으로 흙을 개어
말씀 불가마로 구워내니
서기어린 옹기꽃이 피었네
옹기 안에 마르지 않는 물을 채우니
그 물이 넘쳐흘러 산과 들에 꽃을 피우네

말총갓 벗어 던지고
오색 날개 비단옷 벗어 던지고
말씀 담을 그릇 빚으러 옹기마을 터를 냈네
잿물 삼베옷 상투머리, 맨발로 진흙을 이기네
옹기골 마을마다 태풍 길목에도 끄떡없는 옹기가마
밤 새워 지핀 불덩이에 익은 항아리
여명에 잠깨듯 옹기꽃 피어 나네
옹기쟁이 옹기 팔러 지게에 옹기 싣네
미투리 한 짝 달랑 물푸레 지게 작대기
장날 삼십 리 걸음 무거운 줄도 모르고
칡꽃 찔레꽃 메꽃 가득한 길을 가네
으아리 으름꽃 수수꽃다리 꽃내 뒤에 두고
소매에 감춘 매듭진 끈으로 꽃다발 엮으며
산길을 가네, 하늘 꽃길을 가네.

이미

한 아이가 뛰어간다
다른 아이들도 뛰어간다
개나리 가득한 들길
아이들은 재미있는 것을 찾아간다
아이들은 이미 재밌다

한 사람이 천국을 찾아간다
다른 사람들도 함께 찾아간나
사랑 가득한 천국의 길
그들은 영원한 생명을 찾아간다
그들은 이미 천국에 산다.

이브, 아담

아담에게 사랑을 확인하고 싶었다
사과를 먹지 말라하신 분이야 친정아버지이니
말씀 조금 어겼다고 어쩌시겠는가
아담은 시키는 대로 만족을 주었지만
얼마나 비겁한가
괜찮겠지 한 것이 큰 죄임을 깨달은 순간
우유부단하게도 내 탓을 하다니
뱀의 이빨에 뒤꿈치를 물리더라도
산고를 치르더라도
용서할 수 없었다
그래서 아버지께 빌지 않았다

아버지는 얼마나 무서운 분이신가
나야 흙을 빚어 만들어 주셨지만
자기는 아버지께서 직접 보낸 사람이 아닌가
더구나 자기가 먹어보라고 해놓고선
저리 화를 내실 때
무어라 말 좀 해 줘야 하지 않은가
이제 이곳을 떠나 먹어야 사는 곳에서
죽도록 흙을 파먹을 것을 구하라시니

이브여, 가자
고향 가는 길을 잊고
아파하며 죽어야 하겠지만
그래도 당신과 함께 있으라시니
기꺼이 땀으로 흙을 적셔 움을 내리다.

해미

성호를 긋지 않고는 지나칠 수 없는 땅
주님의 말씀이 핏방울이 되어 스민 땅
죽음으로 말씀을 세운 땅
죽은 자가 승리한 땅
주님께서 무자비하게 승리하신 땅

이 땅에 핀 민들레는 위로의 손길이며
갈대의 노래는 애통의 숨결이며
스미는 빗물은 자비의 눈물입니다
신발을 벗어야 하리
읍성 성벽의 돌들이 울고
감옥 기둥의 통나무가 울고
눈물을 받아들이던 땅이 웁니다

내 죄가 아니야, 내가 하지 않았어
읍성 안 삼백 살 호야나무는 말하지만
아아 십자나무처럼 거기에 주렁주렁 매달려 죽은걸
네 가지 파인 자욱이 증언인 걸

내 죄가 아니야, 내가 하지 않았어
서문 밖 개천 자리개돌이 말하지만
네 위에 몸둥아리 패대기치는 소리가 나는 걸
이백년이 지나도 지워지지 않는
붉은 자욱이 증거인 걸

예수마리아
예수마리아
하늘을 보며 선 뼈들이 마지막까지 드린 기도
돌덩이에 묶여 가라앉은 몸둥아리의 기도
이름도 남기지 못하고 서서 죽은 이들이
목숨을 버리고 지킨 것은
예수님의 이름
마리아의 이름

예수마리아
예수마리아
서녘 들판 해미천 가 땅속에서 부르는 소리
진둠벙 흙탕물속에서 부르는 소리
울며 웃으며 부르는 소리

한 알의 밀알이 썩어
말씀과 구원의 열매가 이 땅에 가득합니다
순교의 핏방울이 강물이 되어
생명과 평화가 이 땅에 흐릅니다

순교탑 위로 붉은 노을은
여숫골에 뿌려진 죽지 않는 생명의 얼
후손들의 가슴은 예수마리아로 불타오릅니다
해미 하늘에 붙은 불은
눈물로도 꺼지지 않습니다.

쥐구멍

쥐구멍을 막아라
어디에 있는지도 모르는 쥐구멍
시기심 증오 교만 질투
악마는 쥐구멍을 통해 들어 온다
어느새 불어나 온 집안을 다 갉아 놓는다
남 설치는 것에 정신이 팔려
제 집구석 내려앉는지도 모른다.

화이트 크리스마스

눈이 오지 않아도 화이트 크리스마스
눈보다 더 깨끗한 아기가 탄생하셨네
평화의 눈으로 세상에 오셨네

눈이 오지 않아도 화이트 크리스마스
하늘나라를 보여줄 아기가 탄생하셨네
기쁨의 눈으로 세상에 오셨네

세상의 죄를 씻을 아기가
제 살로 우리의 양식이 되게 하고
제 피로 우리의 죄 갚음을 하신 하느님의 아들이
오늘 오셨기에

하느님 나라의 밝은 영혼을 주고
모두가 형제요 자매요 하느님 자녀라
너희에게 평화를 주고 가며 내 평화를 주노라 하신 이가
오늘 오셨기에

촛불
미워하는 마음 이해로 덮고

촛불
시기하는 마음 사랑으로 덮고
촛불
절망했던 날들 희망으로 덮고
촛불
가난했던 한해 기쁨으로 덮고
기름 가득한 등잔에 불 밝히고 기다렸기에

소복소복 은총이 이 땅에 내려
축복과 영광이 하늘과 땅에 가득하니
오늘
눈이 오지 않아도 화이트 크리스마스.

하나 되게 하소서

우리는 하나하나 모래알이며 자갈입니다
우리 안에 말씀 시멘트와
믿음의 물을 붓고
기도와 열정으로 섞어
사랑 안에서 생활하면
우리는 모래알이나 자갈이 아닙니다
우리는 이미 주님께서 머무시는 성전입니다.

화살 — 레지오 단원의 기도

1

지희가 드리는 기도가
성모님 발아래 꽃다발이 되게 하소서
성모님이 주신 꽃 한 송이 한 송이가
화살이 되게 하소서
천상의 군대여
성모의 군사여
억센 활을 당겨
기도로 날카로워진 화살을 쏘소서

무관심의 벽을 뚫고
시기심의 투구를 깨트리며
절제를 모르는 몸뚱아리와
교활한 생각을 찔러 쓰러뜨리소서

구원의 길을 막는 무리들
죄악의 길로 인도하는 무리들
온갖 쓰레기에 집착하는 마음

이브를 꼬이듯 우리를 꼬이는
하루하루의 유혹들을 쏘소서

은총을 거부하는 교만한 갑옷과
사랑을 비웃는 어리석은 방패를 뚫고
거머리 같이 들어 붙어있는 악마구리들을
하나씩 하나씩 쓰러뜨리소서

2

천상의 군대여
성모의 군사여
억센 활을 당겨
기도로 날카로워진 화살을 쏘소서
좌절과 절망의 그물코를 끊어
희망에 자유를 주소서

아픔의 고통을 견디게
나약함을 쏘소서

나태의 진지를 쏘아
말씀을 실천하는
성채가 드러나게 하소서

우리 기도의 지향을 지켜 주소서
우리가 지어낸 너무 많은 욕망들
화살이 모자라지 않게 하소서
믿음의 근육에 힘을 주소서

화살이 다 쏘아진 그날
내 몸의 유혹들을 다 물리치고
가릴 것 없는 영혼으로
주님 뜨락에 피어나는 꽃이 되게 하소서.

흔적

강물은 흘러 바다로 가도
강은 그대로 남아 있다
강은 강물이 흐른 그대로 남아 있다
비바람이 잎새 사이로 지나가면
나무는 나무결에 계절을 새겨 놓는다
나무는 바람이 스친 그대로 남아 있다
사람이 흙에서 나서 흙으로 돌아가도
살아온 삶은 인생으로 남는다
생각과 마음은 기억 저편으로 흘러가도
인생은 인류의 모퉁이에 남아 있다
강물이 강에 그러했듯
비와 바람이 나무결에 그러했듯
사람이 인류에게 그러하다.

서정적 진실과 신앙인의 자세
— 박민식 시인의 시세계

문학평론가 리 헌 석
(사) 문학사랑협의회 이사장

1. 서정의 원천을 찾아서

박민식(바오로) 시인은 1958년 강원도 삼척시에서 태어나고 성장한다. 강원대학교를 졸업하고, 군(軍) 생활을 마친 후, 경기도 소재의 회사에 근무할 때 황혜숙(아네스)과 결혼한다. 후일 충청남도 당진시 소재의 회사에 근무하게 되면서 자연스럽게 성작한다. 학창시절에 시를 습작하던 그는 등단 시인의 꿈을 잊지 못해, 대전 가톨릭문학회에 가입한다. 시 창작의 열정으로 빚은 작품이 2012년 《시사문단》의 신인상을 수상하여 등단한다.

모친이 가톨릭 신자여서 유아세례를 받은 그는 평생을 가톨릭 신앙생활로 일관한다. 현재는 개인 사업체를 운영하며, 당진성당의 '늘푸른 성서대학'(노인대학) 학장으로 봉사하고 있다. 사업 경영과 성당 봉사로 바쁜 나날에도 그는 고향에 홀로 계신 어머니를 그리워한다. 어머니에 대한 그리움이 절절하여 작품으로 승화되는데, 이 작품은 독자들로 하여금 가슴 먹먹한 감동을 공유하게 한다.

> ① 연필심이 부러져 이빨로 물어뜯는 것을 보시고
> 불을 때던 어머니가 낫으로 예쁘게도 깎아 주셨다
> ② 그 어머니보다 더 나이가 들어도
> 한 번도 낫으로 연필을 깎아 본 적이 없다
> ③ 연필을 쓸 때마다 낫을 쓸 때마다
> 어머니 손길이 생각 나 가슴이 따뜻하다
> ④ 등뼈가 세 마디나 내려앉아 작아진
> 구십 어머니가 꽃잎 같다.
>
> —「한 오십년 된 기억 2」 전문

이 작품은 네 문장으로 구성되어 있다. 어머니와의 추억, 어머니의 사랑, 그 시절을 잊지 못하는 시인, 어머니에 대한 연민과 그리움 등이다. 이러한 정황을 표현하려면 더 많은 문장이 필요하겠지만, 시인은 간결한 서술과 묘사로 기승전결(起承轉結)을 완성한다.

①은 어머니가 낫으로 시인의 연필을 깎아 준 '사연'이 바탕이다. 낫은 자잘한 나무나 풀을 베는 농기구이기 때문에 작은 연필을 깎는 데는 적절하지 않지만, 특별한 도구가 없던 시절에 궁여지책(窮餘之策)으로 날이 잘 선 낫으로 깎기도 하였다. 시인이 태어나고 자란 시기, 즉 6.25전쟁 이후 우리 겨레의 삶은 상상 외로 팍팍하였다. 생활용품이 귀한 것은 물론, 학용품 역시 구하기가 어려웠다. 박민식 시인의 학창기는 1960년대

에서 1970년대였을 터이니, '잘 살기 운동'과 함께 어느 정도 어려운 과정을 거쳤을 터인데도, 작품 속에 생활의 궁핍이 투영된다.

②는 생활수준이 높아져서 자녀의 연필을 시인이 깎아 줄 필요가 없었음을 서술하고 있다. 가느다란 나무에 '흑연 심'을 박이 만든 연필을 깎는 과정은 몇 단계로 발전한다. 초기에는 낫이나 부엌칼, 혹은 과도로 연필을 깎았다. 그 후 연필을 깎는 '면도칼'이 등장하였고, 세월이 흐른 후에 손잡이를 돌려서 연필을 깎는 도구가 발명되었다. 나아가 '샤프 펜'이 등장하여 연필을 깎지 않게 되었지만, 간혹 연필을 깎아 사용하기도 한다.

자신은 어머니처럼 연필을 깎아주지 않으면서도 연필을 사용하거나 낫을 사용할 때 어머니의 손길, 어머니의 사랑이 전해지는 것 같아 〈가슴이 따뜻하다〉는 진술이 ③이다. ④에서는 자신의 가슴을 따뜻하게 만드는 어머니, 〈등뼈가 세 마디나 내려 앉아〉 키가 줄어든 90세노인, 그래도 시인의 가슴에 생성된 '꽃잎'이라는 비유적 심상이 애틋하다. 이처럼 애틋한 정서로 인해 그는 불원천리(不遠千里) 고향의 어머니를 찾는다.

산 넘어 산
산 넘어 산
그 너머 산
그 너머 산

어머니 계신 삼척
산 너머 너머 바닷가

차령산맥 넘어
태백산맥
아까도 산을 넘고
지금도 산을 넘고

산 넘어 산
산 넘어 산
그 너머 산
그 너머 산.

—「삼척 가는 길」 전문

이 작품은 1연과 3연이 동일하여 수미상관(수미상관) 형식을 취한다. 서두에서 밝힌 정서나 사건을 결말에서 반복하여 강조하는 의미다. 8행이지만 '산 넘어 산' '그 너머 산' 두 행의 반복인데 정서적 양상은 동질적이지만 그 구체화 과정은 약간 다르다. '산 넘어 산'은 '넘어'의 품사가 동사이므로 산을 넘어가도 다시 산이 나온다는 것을 강조한 것이다. '그 너머 산'은 '그'가 '산'의 보조관념일 터이기 때문에, 산 그 너머에 또 산이 있음을 강조한 것이다.

그렇지만 이 작품의 중심 단락은 2연이다. 어머니가 계신 고향 삼척은 여러 산 너머 바닷가에 있다. 당진에서 출발하여, 충청도에 소재한 차령산맥도 넘어가야 하고, 강원도에 소재한 태백산맥도 넘어가야 삼척이 나온다. 시인이 살고 있는 충남 당진시에서 어머니가 계신 강원도 삼척시를 가려면 수많은 산과 계곡을 지나야 한다. 최근에는 부분적으로 고속도로가 개통되어 있고, 일반 국도 역시 잘 닦여져 있어 그리 험한 길은 아닐 터이지만, 시인의 정서적 거리는 멀기만하고, 험한 산을 수없이 지나야 하는 어려움과 닿아 있다. 그래도 어머니를 찾아가야 하는 박민식 시인의 절실한 정서를 담아내고 있다.

2. 구원의 꽃을 찾아서

박민식 시인은 가톨릭 신자로서 늘 자신의 생활을 경계한다. 기독 신앙의 근원에 자리한 원죄(原罪)로서가 아니라, 생활 속의 작은 티끌을 찾아 회개하고 반성한다. 그리하여 새로운 생명으로 거듭나고자 한다. 이러한 의식은 작품 「아으 내 영혼」에서 극에 달한다. 〈아으 내 영혼 똥 묻었네〉 '자신의 영혼'이 〈벌레 먹었네〉 〈찌그리졌네〉 〈곰팡이 슬었네〉 등으로 자성(自省)한다. 그러나 바로 '기도의 찬 물'로 〈아으 내 영혼 세수해야지〉 '미사의 뜨거운 물'로 〈목욕해야지〉 '찌그러진 하루하루' 〈둥글게 펴야지〉 '진리의 물'로 생기를 돋우어 〈아으 내 영혼 싱싱하게 살려야지〉 소망의 다짐을 거듭한다.

이러한 소망은 야훼의 아들 예수가 보혈로 우리 죄를 대속(代贖)한 근원적 아픔에 근거한다. 가깝게는 가톨릭교회가 우리나라에 전교될 때 받았던 박해(迫害)와 순교(殉教)의 고통에 기인한다. 그는 스스로 채찍질을 하여 '성체꽃'을 받드는 시종(侍從)의 역할을 담당하고자 자처하는 것 같다.

사랑만으로 피어난 꽃
당신 몸으로 피운 꽃

순교로 순교로 지켜낸 꽃
사제의 손을 꽃받침으로 피어나는 꽃이여

우리 마음에 열매 맺는 꽃
온 삶을 향기로 채워 주는 꽃
죄의 둠벙에 하얗게 핀 꽃
구원의 길목 거기에 핀 꽃이여.

—「성체꽃」 전문

십자가 보혈로 우리를 구원하는 구세주는 '사랑'으로 피어난 꽃이며, 당신 몸 그 자체이며, 죽음으로 인류를 구원한 꽃이며, 이제는 사제들의 손을 빌어 신자들과 나누는 성체와 성혈의 꽃이다. 이 사랑으로 인해 우리 마음에 열매를 맺게 하고, 우리의 삶을 향기로 채워주며, 죄의 둠벙에 빠져 있어도 헤어나올 수 있게 이끄는 꽃이고, 지옥에 빠질 수밖에 없는 죄인에게 구원의 손을 뻗치는 꽃이다. 이처럼 사랑과 구원의 꽃은 구세주의 비유적 보조관념인 바, 그 꽃을 받치는 손을 떠받치는 사람이 되어야겠다는 다짐의 기도문이다.

작품「정말 그렇다」에서 시인은 〈좋은 사람은 좋다/ 사랑하는 사람은 사랑스럽다/ 여유로운 사람은 여유롭다/ 자유로운 사람은 자유롭다/ 놀라운 사람은 놀랍다/ 거룩한 사람은 거룩하다〉고 밝힌다. 본인이 내린 이 정의(定義)를 그는 긍정한다. 〈정말 그런 사람이라면 정말 그렇다/ 그 사람이 그러면/ 나도 그렇다〉라고 하면서 스스로 긍정적 신앙인이 되고자 다짐한다.

내 행동이 유리병처럼 투명하다면
내 생각이 물처럼 맑다면
한 조각 성체로 빛이 될 텐데
한 방울 성혈로 물들어 버릴 텐데

더러운 물엔 새물을 부어도 맑아지지 않아
버리고 새물을 받아야 맑은 물이지
아무것도 버리지 못하니
새것을 받아봐야 그게 그거
덧씌우고 덧씌워도
냄새나는 그것
버리지 못하면 평생 그게 그거.

—「그게 그거」 전문

박민식 시인은 자신을 완전히 비운 상태로 신앙을 받아들여야 한다고 인식하고 있다. 자신이 맑고 투명하다면 어떤 신앙이라도 수용할 수 있을 터이지만, 조금이라도 비우지 못하면, 평생 노력해도 신앙을 온전하게 받아들일 수 없다는 것이다. 이러한 형상화는 스스로 맑고 깨끗하기를 소망하는 신심(信心)의 발현이다.

순수한 내면과 희생을 노래한 시 「민들레」는 성거산 성지에서 펼치는 '야생화전'에 출품한 그의 작품이다. 이 작품에서 그는 〈내 부끄러움 한 점 남지 않은 그 날에/ 님의 피 스민 성거산 흙에서 피어나/ 님처럼 붉은 피 흘리며/ 죽으리라. 그리하여/ 당신 뜨락에서 정말로 살리라/ 지지 않는 꽃〉으로 피어나겠다고 노래한다. 이와 같은 의미를 투영한 작품이면서 자연의 순리를 노래한 작품이 「꽃은」이다.

꽃이 핀다
꽃은 다른 꽃을 따라 핀다
꽃 한송이 피면 그날부터 여기저기 꽃이 핀다
꽃이 진다
꽃은 다른 꽃을 따라 진다
꽃 한송이 지면 그날부터 여기저기 꽃이 진다
꽃이 피고 지면
꽃은 눈동자로 여기저기 남는다.

— 「꽃은」 전문

이 작품은 신앙생활의 상징적 의미를 띤다. 피는 '꽃'에서 지는 '꽃'으로, 다시 열매를 맺는 '꽃'으로 남기를 소망한다. 이러한 소망은 스스로의 모습을 버리고 '함께' 힘을 모을 때 이루어진다. 「하나 되게 하소서」에서 시인은 〈우리는 하나하나 모래알이며 자갈입니다〉라고 자성한다. 그리하여 〈믿음의 물을 붓고/ 기도와 열정으로 섞어/ 사랑 안〉에서 하나가 되면, 이미 우리 스스로 〈주님께서 머무시는 성전〉임을 확인한다. 그는 이와 같은 믿음으로 신앙생활을 영위할 것이며, 성전의 꽃을 위해 '쓸모 있는 정원사'가 되기를 소망한다.

3. 서정의 아름다움을 찾아서

시는 문학이고, 문학은 예술이어야 한다. 이 명제(命題)에서 볼 때, 시에 무엇을 담느냐도 중요하지만, 어떻게 담느냐도 중요하다. 돌로 있을 때는 돌이지만, 그 돌을 깎고 다듬고 조각을 하면 예술작품으로 새로운 생명을 얻는 것과 같다. 시인은 문자(文字)에 자신의 사상이나 정서를 담아 예술성을 확보한다. 그리하여 자신의 정서적 감동을 독자들과 공유하고자 한다.

같은 사물을 보아도 시인은 새로운 감수성으로 인식한다. 사물의 특성을 개성적으로 찾아내어 노래하기도 하고, 비유와 상징으로 새로운 옷을 입히기도 한다. 때로는 공감감적 이미지를 복합적으로 차용하여 모호성에 의한 다의적 해석이 가능하게 한다. 시인은 일상적 언어보다 새롭거나 개성적이기를 추구한다.

> 풍경소리 뒤로하고 내려오는 길에 걸한 곡차 한사바리 하고 가란다.
>
> 돈 천원 보시하여 갈증을 풀고 걸으니 제 딴에 차(茶)라고 머리가 서늘하다. 몸 안에서 일순하는 그놈 향기가 솔가지 사이에 머물던 바람이던가? 흰 구름 풍덩 빠진 초가을 오후의 컬컬 시원한 맛이다.
>
> 저 만치 붉은 옷 여인의 모습에 괜히 오랫동안 잊혔던 얼굴이 스쳐 범종 여운처럼 한참 가슴이 떨렸다.
>
> —「초가을 바람」 전문

작품을 이해할 때는 역지사지(易地思之)가 핵심이다. 독자가 시인의 입장이 되어 작품을 감상하면 거의 본의(本意)에 이를 수 있다. 이 작품은 아주 간명(簡明)하다. '어느 가을날 시인이 산사를 뒤로하고 하산하는 길에 막걸리 한 잔을 들었다. 시원하고 향기도 좋았다. 주위의 단풍을 보다가 옛 사람을 추억하였다.'

그러나 본의 그대로 표현하면 일상생활의 표백에 다름 아니다. 시인은 이와 같은 상투적 단순함을 극복하고자 한다. 술 한 잔 하고 싶은 마음을 그는 〈걸한(걸쭉한) 곡차(穀茶, 술) 한 사바리(사발) 하고 가란다.〉고 표현한다. 혹은 주모가 잡아 권하였을 수도 있지만, 그렇다면 시적 완성도가 낮아질 것이다. 술을 마셨을 때 취기가 도는 상태를 〈몸 안에서 일순(一巡)하는 그 놈(술) 향기가 솔가지 사이에 머물던 바람〉과 같다고 노래한다. 또한 주위의 단풍을 본 감상도 〈붉은 옷 여인(단풍)의 모습에 오랫동안 잊혔던 얼굴〉이 스치고, 그 추억으로 인해 〈범종 여운처럼 한참 떨렸다.〉라고 고백한다. 이러한 형상화는 박민식 시인만이 찾아내어 표현할 수밖에 없는 절창(絶唱)이다. 단순한 서경과 서정에서 특별한 예술성을 생성(生成)하기 때문이다.

나무에 눈부시게 햐긋햐긋 꽃이 피면 아무도 몰래
꽃따비가 꽃잎 사이 소긋소긋 내려 앉아 아무도 몰래
꽃잎을 자긋자긋 따먹고 아무도 몰래
똥을 싸면 화르르 꽃비가 내린다 아무도 몰래
꽃따비는 꽃자리에 어긋어긋 눌러 앉아 아무도 몰래
연두로 나긋나긋 싹을 낸다 아무도 몰래
연두는 햇살을 해긋해긋 받아 먹고 아무도 몰래

연두는 바람을 사긋사긋 베어 먹고 아무도 몰래
초록으로 초록으로 파긋파긋 자란다 아무도 몰래.

—「꽃따비」 전문

어찌 보면 이 작품은 언어유희에 바탕을 둔 것 같아 보이지만, 새로운 첩어(疊語) 형태의 부사를 생성해내는 의미를 띤다. '살며시 가볍게 자꾸 힘을 주는 모양을 나타내는 자긋사긋' '맞붙여 이은 조각들이 어긋나 있는 모양을 나타내는 어긋어긋' '태도와 행동이 매우 상냥하고 우아한 모양을 나타내는 나긋나긋' 등은 이미 잘 알려진 부사어이다.

이와 함께 '꽃이 눈부시게 피는 모양의 햐긋햐긋' '꽃따비(꽃이 필 때 꽃잎을 떨어뜨리는 비)가 조용히 내려앉는 소긋소긋' '햇살을 받아 먹는 해긋해긋' '바람을 베어 먹는 사긋사긋' '초록으로 자라는 파긋파긋' 등은 박민식이 새롭게 창조한 부사어이다. 의성어와 의태어 형태를 갖추는 부사어는 사람마다 달리 수용하게 마련이다. 그렇기 때문에, 새로운 표현을 찾아 쓰는 것이 시인의 책무 중 하나라 하겠다. 다만 억지스럽지 않아야 된다는 전제, 언중(言衆)의 자연스러운 수용을 확보해야 우리언어의 영역을 확장하는데 기여하게 된다.

강물은 흘러 바다로 가도
강은 그대로 남아 있다
강은 강물이 흐른 그대로 남아 있다
비바람이 잎새 사이로 지나가면
나무는 나뭇결에 계절을 새겨 놓는다

나무는 바람이 스친 그대로 남아 있다
사람이 흙에서 나서 흙으로 돌아가도
살아온 삶은 인생으로 남는다
생각과 마음은 기억 저편으로 흘러가도
인생은 인류의 모퉁이에 남아 있다
강물이 강에 그러했듯
비와 바람이 나뭇결에 그러했듯
사람이 인류에게 그러하다.

—「흔적」 전문

비유에 의한 다의성 확보와 새로운 언어의 생성 등도 중요하지만, 시에 철학적 사유를 담아내는 묘법(妙法)도 예술가의 본성이다. 「흔적」은 단순한 사실들의 열거를 통하여 인생에 대한 깊이 있는 사유(思惟)를 끌어낸다.

이 작품은 '강의 물은 흘러 바다로 가도 강 자체는 남아 있다' '비바람이 아무 잎새 사이로 지나가도 나무는 그대로다'에서 출발하여 '사람이 죽어서 흙으로 돌아가도 그 사람의 인생은 그대로 남는다'라는 의미부여를 통하여 '생각과 마음은 기억 저편으로 흘러가도 인류의 모퉁이에 우리는 남아 있을 것이다' 등으로 유추하게 한다. 시인은 강과 물, 나무와 바람, 사람과 흙을 통하여 인생에 대한 탐구를 구체화한다. 철학자와 시인들이 인생(사람, 인류 포함)에 대하여 수많은 정의(定義)를 내놓았지만, 대부분 그들이 찾아낸 부분적 정의였다. 사람들 모두 자신만의 정의를 작품으로 옮길 수 있는바, 박민식의 시를 통한 정의는 많은 독자들과 공유하리라 확신한다.

4. 깨달음의 과정을 찾아서

인류가 가장 먼저 깨달은 것은 '부끄러움'이다. 아담과 하와가 에덴동산에서 죄를 짓고 자신을 돌아보며 느낀 '벌거벗음'의 정서다. 창세기 3장 7절에 기록된바 〈그들의 눈이 밝아 자기들의 몸이 벗은 줄을 알고 무화과나무 잎을 엮어 치마를 하였더라〉와 함께, 아담은 하느님의 찾으시는 소리를 듣고 〈내가 벗었으므로 두려워하여 숨었나이다〉라는 대답에 기인(基因)한다. 이렇게 인간은 스스로 '부끄러움'을 행하고, 그 '부끄러움'을 가리려는 정서적 사물이다.

육신의 부끄러운 '자아'를 깨닫는 것에서 한 차원 더 발전한 것이 정신적 · 도덕적 · 사회적 부끄러움이다. 특히 자신의 존재에 대한 깨달음을 얻기 위한 철학자들의 노력에 의하여 여러 개념들이 도출되었다. 소크라테스의 '너 자신을 알라'라든가, 아리스토텔레스의 '자아 실현을 위한 탐구' 등은 현대인에게 사색의 폭을 넓히고 있다. 이와 같은 고차원적인 삶에 대한 탐구를 박민식 시인은 간명(簡明)한 시로 대신한다.

> 봄 꽃 따며 손잡고 놀던 거기일까
> 어머니 그리워 별 헤며 뻐꾹 소리 듣던 거기일까
> 얼굴 붉히던 첫사랑 눈먼 거기인가
> 당신과 같이 길을 가던 거기인가
> 얼마나 왔을까
> 얼마나 멀어진 것일까
> 내 처음으로 돌아가 나를 찾으려면

어디서 만날 수 있을까
단풍잎 떨어지는 바람 언덕 거기일까
순례를 끝낸 새벽 별빛 거기일까
그리움 해일지는 거기인가
얼마나 가야할까
어디쯤에서 기다리고 있을까
내 처음인 나를 만나려면.

—「내 처음으로 돌아가」 전문

이 작품에서 그는 〈내 처음으로 돌아가〉 자신을 찾고자 한다. 그 탐색은 희노애락(喜怒哀樂)의 정서를 통해서도 아니고, 성경의 아담과 같은 '부끄러움'도 아니다. 또한 소크라테스나 아리스토텔레스처럼 철학적 사유를 통해서도 아니다. 추억 속의 작은 사물과 서정에 의탁하여 자신의 좌표를 찾기 때문에 정서적 공감대를 형성한다.

'서정적 자아'와 '서정적 대상'만이 알 수 있는 '거기'를 제시한 후, 그 곳으로부터 〈얼마나 왔을까〉 〈얼마나 멀어진 것일까〉 자신을 돌아본다. 그리하여 〈내 처음으로 돌아가 나를 찾으려면// 어디서 만날 수 있을까〉 궁리한다. 그 가운데 〈순례를 끝낸 새벽 별빛 거기일까〉에서 신앙인의 내면을 밝힌다. 그리하여 순수하였던 〈처음인 나를 만나려면〉 〈얼마나 가야할까〉 〈어디쯤에서 기다리고 있을까〉 찾기 위하여 출범의 돛을 올리고자 한다. 그리하여 독자들은 이 작품을 통해 '거기'를 향한 시인의 정서적 순수를 공유할 수 있을 것이다.

박민식 시인은 「내가 나일 때」에서 〈나에게 가장 고귀한 선물은 나이다/ 내가 나일 때 나는 자유롭다〉〈순간순간이 내 것이고/ 모든 결과가 내 것이다〉〈내가 나이고 싶은 것은/ 온 우주에 나는 하나이며/ 나만이 나이기 때문이다.〉 등으로 고백한다. 이러한 의미와 연계된 작품이 「오늘 하나씩」이다.

> 오늘 70억 명에게
> 오늘이 하나씩 주어졌다
> 새벽도 하나
> 아침도 하나
> 정오도 하나
> 오후도 하나
> 밤도 하나
> 하나씩 모두에게 주어졌다
> 모두에게 다른 오늘이지만
> 모두에게 같은 오늘이다.
>
> —「오늘 하나씩」 전문

이 작품의 핵심은 〈모두에게 다른 오늘이지만/ 모두에게 같은 오늘이다.〉라는 본질적 명제이다. 몇 십억 명의 인류에게 각기 다른 날이지만, 시간은 공평하게 작용한다는 의미를 간명하게 형상화한 작품이다. 주어진 시간과 공간에 순응하며 자신의 삶을 스스로 가꾸어 가면 충분하다는 의미를 담고 있는 이 작품은 또 다른 작품 「그대로 좋다」와도 동질성을 띤다. 〈하늘은 하늘 그대로 좋다〉〈별이 반짝이는 하늘이 좋고/ 별이 없는 캄캄한 하늘이 좋다〉〈사람은 사람 그대로 좋다/ 가끔 바뀌었으면 하지만/ 그대로 좋다.〉고 한다. 그는 특정한 사물의 속성이 좋고 나쁜 게 아니라, 인식하는 주체의 정서적 판단이 중심축이라고 고백한다.

박민식 시인의 작품에 대한 기행(紀行)을 마치면서, 아름다운 정서를 담고 있는 수많은 작품도, 성지를 순례하면서 찾아낸 시인의 굳건한 신앙도, 삶에 대한 정서적 형상화도 인용하지 못하였다. 이런 작품들에 대한 감상은 독자들의 몫으로 남기면서, 끝으로 그의 작품 「철새는」을 감상하고자 한다. 철새의 비유적 원관념 해득(解得)을 독자들에게 남기면서 작품 감상을 맺는다.

> 철새는 화살표 방향으로 날아간다
> 서로의 날갯짓에 기대어
> 하늘 그 곳으로 날아간다.
>
> 철새는 혼자서는 화살표를 찾지 못한다.
>
> —「철새는」 전문

후 기

메모지 사이에서 꿈을 꾸던 사연들을 깨워야겠다.
이제 다른 이의 가슴으로 입양을 보내고
또는 새의 날개에 실어 날리고
나는 가슴을 쓸어내리리라.
부끄러운, 뿌려진 흔적들
문질러 지울 수 있을까? 흙으로라도 덮을 수 있을까?
그것들이 토해낸 자리에 풀이든 꽃이든 피어나면
다시 꿈을 꾸는 사연들을 갈피갈피 모아
밤새 가슴 앓은 서늘한 이슬로 씻어 주리라.
아파하는 것을 먹고 살았기에,
그리기에 아파하며 죽어야 하는 몸
아픔은 생명을 기워 잇는 자국이기에
그것들이 내 몸에 쌓이면 너를 위해
내 가득한 우물 같은 눈동자가 해산한
꽃잎, 꽃잎으로
남겨진 삶을
꽃이든 풀이든 씻어 주리라.

성체꽃

박민식 시집

발 행 일 | 2016년 10월 15일
지 은 이 | 박민식
발 행 인 | 李憲錫
발 행 처 | 오늘의문학사
출판등록 | 제55호(1993년 6월 23일)
주 소 | 대전광역시 동구 대전로867번길 52(한밭오피스텔 401호)
전화번호 | (042)624-2980
팩시밀리 | (042)628-2983
전자우편 | hs2980@hanmail.net
카 페 | cafe.daum.net/gljang(문학사랑 글짱들)

공 급 처 | 한국출판협동조합
주문전화 | (070)7119-1752
팩시밀리 | (031)944-8234~6

ISBN 978-89-5669-782-6
값 9,000원